INITIALEN

Denise Schneider wurde 1989 in Nürtingen
geboren und absolvierte 2014 ihren *Bachelor
of Arts* in Buchwissenschaft und Germanistik.
Mit ihrer Masterarbeit *Das Buch als Heterotopie.
Leistung oder Zuschreibung?* erlangte sie 2017
den *Master of Arts*. Studienbegleitend erwarb
sie erste praktische Erfahrungen in Buchhandel
und Lektorat. Nach dem Studium nahm sie ein
Volontariat im Projektmanagement bei Springer
Gabler auf.

Das Buch als Heterotopie

Denise Schneider

Das Buch als Heterotopie

Betrachtungen zur sozialen
Dimension des Leseprozesses

Seit 2013 erscheinen in der Reihe *Initialen* herausragende Abschlussarbeiten der Mainzer Buchwissenschaft. Im *Verlagslabor* übernehmen Studierende des Bachelor-Studienganges *Buchwissenschaft* der Johannes Gutenberg-Universität Mainz die vielfältigen Aufgaben von Lektorat, Herstellung und Marketing.

http://www.initialen.wordpress.com

Band 38: Das Buch als Heterotopie

Gesetzt aus Minion Pro und Myriad Pro
in der Lehrdruckerei der Mainzer Buchwissenschaft
von Maren Scheibe & Marie Mühling

Lektorat: Sarah Liesdorf, Miriam Krunkel & Darya Mohammad-Hadi

Marketing: Vivien Backof, Alexandra Heuwerth,
Cara Küpper & Janine Müller

Druck & Bindung: Books on Demand (BoD), Norderstedt

ISBN 978-3-945883-72-3

Auch als PDF (ISBN 978-3-945883-74-7)
und EPUB (ISBN 978-3-945883-73-0) erhältlich.

INHALT

Geleitwort 3

1 Einleitung 5
1.1 Das Buch als sozial erlebbare Anderswelt 5
1.2 Der Begriff der Heterotopie nach Foucault 7
1.3 Methodik und Forschungsbericht 14
    1.3.1 Erarbeitung des Buchbegriffs 14
    1.3.2 Modelle der Mediennutzungsforschung 20

2 Der Buchbegriff 23
2.1 Buchkonstitution – zwischen Medialität und Medientechnik 23
2.2 Buchorganisation – zwischen Medientechnik und Mediengebrauch ... 30
2.3 Buchnutzung – zwischen Medialität und Mediengebrauch 34

3 Das Buch als Heterotopie 39
3.1 Der Andersraum 40
    3.1.1 Erfahren des Andersraums: Narratives Verstehen 41
    3.1.2 Erleben des Andersraums: Embodied Cognition 47
    3.1.3 Erleben des Andersraums: Spatial Presence 51
3.2 Die soziale Dimension des Andersraums 56
    3.2.1 Erfahren der Anderswelt: Persona 58
    3.2.2 Erleben der Anderswelt: Parasoziale Interaktion 62
    3.2.3 Die parasoziale Dimension des Buchperitextes 69

4 Fazit 76

Quellen- und Literaturverzeichnis 83

ABBILDUNGSVERZEICHNIS

Abbildung 1: Schema des Buchbegriffs. 16
Eigene Darstellung nach Hickethier (2004),
sowie Bonfadelli (2004).

Abbildung 2: Prozesse narrativen Verstehens. 42
Eigene Darstellung nach Glaser (2016), sowie Busselle/
Bilandzic (2008), außerdem Christmann (2015).

Abbildung 3: Übersicht des zweistufigen Modells 54
Räumlichen Präsenzempfindens, ins Deutsche übertragen.
Darstellung nach Wirth u. a. (2007).

Abbildung 4: Übersicht über Personamerkmale. 60
Darstellung nach Baeßler (2009).

ABKÜRZUNGSVERZEICHNIS

Im Fließtext verwendet:

AV-Medien	Audiovisuelle Medien
m-PRS	Mediierte Welt als präferierter Referenzrahmen der Selbstwahrnehmung
MPR	Modell personazentrierter Rezeption
NGO	Nichtregierungsorganisationen
PRS	Präferierter Referenzrahmen der Selbstwahrnehmung
PSB	Parasoziale Beziehung
PSI	Parasoziale Interaktion
RS	Referenzrahmen der Selbstwahrnehmung

Fragt man LeserInnen im Anschluss an ihre Lektüre nach ihren Leseerlebnissen, lauten die Antworten häufig sehr ähnlich: man sei in ganz fremde Welten eingetaucht, habe intensiv mit den Figuren gelebt, geliebt und gelitten, ja man habe regelrechtes Leseglück empfunden. Leser schildern häufig ganz eindringlich tiefgehende Erlebnisse in der erzählten Anderswelt des Buchs. Das Flow-Erlebnis beim Lesen fiktionaler Literatur gehört sicherlich zu den stärksten Motiven, zum Medium Buch zu greifen und sich in seinen Geschichten zu verlieren.

Diese emotionalen Affekte sind nüchtern betrachtet Effekte der medialen Charakteristika des Buchs. Oder etwa nicht? Ist literarischer Buchlektüre das kognitive Abtauchen des Lesers in andere Welten mit entsprechend erfahrbaren Gefühlen und Erlebnismustern inhärent? Oder handelt es sich um eine im gesellschaftlichen Konsens tradierte Zuschreibung an das narrative Buch?

Denise Schneider hat ihrer Masterarbeit diese klassische Überlegung zugrunde gelegt und den komplizierten Versuch unternommen, Klarheit in die Sache zu bringen. Die Frage, ob das Buch in seinen medialen Eigenschaften als Heterotopie verstanden werden kann, ist schwierig. Ihrer Beantwortung kann man sich nur theoretisch fundiert und nur im interdisziplinären Zusammenklang verschiedener Forschungsansätze nähern.

Das Panorama der beteiligten Disziplinen bilden Neurobiologie, Psychologie, Soziologie, Philosophie und schließlich auch Buchwissenschaft, die von Denise Schneider befragt wurden, ob sie die adäquaten Grundlagen zur Analyse liefern können. Voraussetzung aller theoretischen Erkenntnisse ist ein verbindlich definierter Buchbegriff, der im vorliegenden Fall mit Hilfe eines geschickt konstruierten Schemas über die Mediendimensionen des Buchs modelliert wird.

Die nun vorliegende Analyse ist angesiedelt in der Schnittmenge von Buchwissenschaft, Mediennutzungsforschung und Kognitionswissenschaft. In der Gesamtschau dieser Forschungsfelder auf das Medium Buch wird das heterotope Potenzial des Buchs deutlich, das sich nicht allein aus dem einfachen Decodieren des dargebotenen Texts ableitet, sondern sich in den noch erheblich komplexeren Prozessen des Leseverstehens entfaltet. Die Arbeit bringt unsere Erkenntnisse über die soziale Dimension des Bücherlesens einen großen Schritt weiter.

Ute Schneider
im Dezember 2017

1 EINLEITUNG

1.1 Das Buch als sozial erlebbare Anderswelt

Anne Siebeck verweist mit der *Unendlichen Geschichte* Michael Endes und Cornelia Funkes *Tintenwelt*-Trilogie auf exemplarische Werke, deren Handlung sich mit einer Grenzüberschreitung des Protagonisten zwischen Realität und Buch befasst, also dem Übertritt in eine Anderswelt und dem dortigen Erleben persönlicher Beziehungen.[1]

Als Motiv insbesondere im phantastischen Kinder- und Jugendbuch populär, lassen sich Grenzübertretung und soziales Erleben im Rahmen der Buchlektüre jedoch nicht ins Reich der Fiktionalität verbannen: In einer Studie über die »Erlebnisqualität« von Büchern befragten Dehm et al. Leser anhand eines standardisierten Fragebogens nach ihrer Motivation zur Buchlektüre und erschlossen in der nachfolgenden Analyse den Typus der »begeisterten Kompensationsleser«, die

> *beim Lesen am Leben anderer teilhaben können, [...] freundschaft-*
> *liche Beziehungen zu den Protagonisten der Lektüre auf[bauen] und*
> *[...] das Gefühl [erleben], in das Buchgeschehen einzutauchen, quasi*
> *dazuzugehören.*[2]

Dehm et al. führen also das Andersweltempfinden auf das soziale Erleben im Zuge der Lektüre zurück und negieren damit implizit die Möglichkeiten des

---

1 Vgl. Siebeck, Anne: Das Buch im Buch. Ein Motiv der phantastischen Literatur. Marburg: Tectum 2009, S. 29–31 sowie 48–51.

2 Dehm, Ursula u. a.: Bücher – »Medienklassiker« mit hoher Erlebnisqualität. In: Media Perspektiven 10 (2005), S. 531.

Buches, das zu erzeugen, was in Bezug auf audiovisuelle Medien als virtueller Raum bezeichnet wird. Damit befinden sie sich in Übereinstimmung mit Ansätzen der interdisziplinären Medienwirkungs- bzw. Mediennutzungsforschung. Diese befassen sich zwar in zahlreichen, teilweise konfligierenden, theoretischen Ansätzen mit dem Erleben von Medienräumlichkeit und sozialer Beziehung zu Medienfiguren – allerdings nur im Hinblick auf sogenannte ›tertiäre‹, also technisch vermittelte, Medien, nicht aber auf das Buch. Die Buchvergessenheit geht mitunter so weit, dass Krämer und Szczuka hinsichtlich sozialer Prozesse im Rahmen der Medienrezeption formulieren:

Tatsächlich ermöglichen alle heutigen Medien, vom Fernsehen bis zum Internet, ein Ausmaß an sozialem Vergleich, das noch vor hundert Jahren, als man sich höchstens mit den Nachbarn vergleichen konnte, undenkbar gewesen wäre.[3]

Folgt man diesem Argument, hat das Buch mit dem Aufkommen der technischen Medien nicht nur seinen medialen Status verloren; es hat nach dieser Lesart nie eine wirksame soziale Dimension besessen. Die oben erwähnte Studie von Dehm et al. – aber auch historische Evidenz, wie beispielsweise das Werther-Fieber – sprechen deutlich gegen diese Darstellung und offenbaren eine oftmals naive Perspektive auf das Buch innerhalb der Medienwissenschaft und ihrer Partnerdisziplinen. Zur Buchabstinenz der Medienwissenschaft tritt, dass Anderswelterfahrung und soziales Erleben in theoretischen Abhandlungen bestenfalls in einer Randnotiz zueinander in Relation gesetzt werden.

Da die Medienwirkungsforschung sich primär mit technischen Medien befasst, treten materielle Aspekte der Träger in den Hintergrund. Der Fokus liegt auf kognitiven Verarbeitungsprozessen audiovisuell erfahrener Inhalte. Die Erfahrung von Andersweltlichkeit und sozialer Beziehung in der Buchlektüre kann daher von bisherigen Theorien der Medienwirkungsforschung allein nicht angemessen erfasst werden, schließlich sind kognitive Erfassung und Erfahrung von Körperlichkeit in der Buchlektüre nicht in vergleichbarer Weise voneinander geschieden. Schlussendlich werden beide Phänomene oftmals negativ mit hedonistischem Eskapismus und/oder sozial-

---

3 Krämer, Nicole C./Szczuka, Jessica M.: Soziale Vergleichsprozesse. In: Medienpsychologie. Schlüsselbegriffe und Konzepte. Hrsg. von Nicole Krämer u. a. 2. überarb. und erw. Aufl. Stuttgart: Kohlhammer 2016, S. 303.

bzw. psychopathologischer Disposition des Rezipienten konnotiert, was eine unvoreingenommene Befassung mit diesen Themen erschwert.[4]

Soll das Buch nun auf die Möglichkeiten der Induktion von Andersweltempfinden und sozialen Prozessen hin untersucht werden, so muss dies mangels Alternativen unter Anwendung bestehender medientheoretischer Perspektiven geschehen. Die angeführten Problematiken weisen allerdings darauf hin, dass eine bloße Übernahme dieser Perspektiven nicht zielführend sein kann. Es scheint daher notwendig, sie mittels einer begrifflichen Rahmung aus den bestehenden Kontexten zu lösen, sodass neue Verknüpfungen und perspektivische Erweiterungen der Theorien möglich werden. Als geeignet für ein derartiges Vorgehen wird Foucaults Begriff der *Heterotopie* erachtet, der im Folgenden expliziert werden soll.

1.2 Der Begriff der Heterotopie nach Foucault

Der Heterotopiebegriff war zunächst ausschließlich im Bereich der Medizin gebräuchlich. Dort bezeichnet er das Auftreten von intaktem Gewebe an atypischen Stellen im Körper. Darüber, ob Foucault sich bei der Wahl des Begriffs bewusst auf den medizinischen Hintergrund stützt und somit spezifische Implikationen in seine Begriffsnutzung einbindet, herrscht in der Literatur Uneinigkeit.[5]

Als gesichert gilt indessen Foucaults Referenz auf die Arbeiten Georges Batailles, in denen der Entwurf einer *Heterologie*, »der Wissenschaft des anderen«, vorgestellt wird: Einer Wissenschaft all dessen, »was Wissenschaft, Philosophie und Gesellschaft zwar ständig erzeugen, von diesen wie Abfall, Schmutz, Kot gleich wieder beiseitegeschoben und verdrängt wird«.[6] Die Heterologie handelt demnach von all dem, was als abgründig betrachtet und im Diskurs tabuisiert wird.

In der erstmalig diskurstheoretisch gefassten Verwendung des Begriffes im Vorwort von *Die Ordnung der Dinge*[7] lehnt sich Foucault an diese Anmutung des Chaotischen an, wenn er mit der Heterotopie

---

4 Vgl. Schweiger, Wolfgang: Theorien der Mediennutzung. Eine Einführung. Wiesbaden: Springer VS 2007, S. 133.

5 Vgl. Klass, Tobias: Heterotopie. In: Foucault-Handbuch. Leben – Werk – Wirkung. Hrsg. von Clemens Kammler, Rolf Parr und Ulrich Johannes Schneider. Stuttgart/Weimar: J. B. Metzler 2008, S. 264. Sowie Elia-Borer, Nadja u. a.: Einleitung. In: Heterotopien. Perspektiven der intermedialen Ästhetik (MedienAnalysen 15). Hrsg. von ders. u. a. Bielefeld: Transcript 2013, S. 20.

6 Chlada, Marvin: Heterotopie und Erfahrung. Abriss der Heterotopologie nach Michel Foucault. Aschaffenburg: Alibri 2005, S. 78.

7 Erstveröffentlichung 1966 unter dem Titel *Les mots et les choses*.

einen Diskurstyp [bezeichnet], der [...] die geltende Ordnung der Diskurse dadurch unterminiert, dass er der Ordnung der herrschenden Klassifikation eine Ordnung entgegenstellt, die zwar als Ordnung erkennbar ist, mit den Mitteln der herrschenden Diskurse aber nicht begriffen werden kann.[8]

Foucault greift den solcherart geprägten Begriff der Heterotopie in seinem späteren Werk nicht mehr auf, stattdessen deutet er ihn in einem Vortrag zum Thema Utopie und Literatur auf dem Radiosender *France-Cultur* (07.12.1966) neu: Unter dem Titel *Les Hétérotopies* (dt. *Die Heterotopien*) stellt er ihn in den Kontext der Raumtheorie.[9] Er fordert in seinem Vortrag

eine [...] Wissenschaft – und ich sage ausdrücklich Wissenschaft –, deren Gegenstand diese verschiedenen Räume wären, diese anderen Orte, diese mythischen oder realen Negationen des Raumes, in dem wir leben. Diese Wissenschaft erforschte nicht die Utopien, denn wir sollten diese Bezeichnung nur Dingen vorbehalten, die tatsächlich keinen Ort haben, sondern die Heterotopien, die vollkommen anderen Räume.[10]

Dem lässt er eine Aufstellung von fünf Grundsätzen der Heterotopologie folgen, der Tafazoli und Gray einen assoziativen Charakter zuschreiben,

---

8 Klass: Heterotopie, S. 264. Foucault illustriert dies im Vorwort von *Die Ordnung der Dinge* am Beispiel einer »›chinesische[n] Enzyklopädie‹, in der es heißt, daß ›die Tiere sich wie folgt gruppieren: a) Tiere, die dem Kaiser gehören, b) einbalsamierte Tiere, c) gezähmte, d) Milchschweine, e) Sirenen, f) Fabeltiere, g) herrenlose Hunde, h) in diese Gruppe gehörige, i) die sich wie Tolle gebärden, k) die mit einem ganz feinen Pinsel aus Kamelhaar gezeichnet sind, l) und so weiter, m) die den Wasserkrug zerbrochen haben, n) die von weitem wie Fliegen aussehen.‹«. Siehe Foucault, Michel: Die Ordnung der Dinge. Eine Archäologie der Humanwissenschaften. In: Michael Foucault. Die Hauptwerke. Mit einem Nachwort von Axel Honneth und Martin Saar. Frankfurt a. M.: Suhrkamp 2008, S. 21. Zwar ist eine auch in der ›westlichen Welt‹ decodierbare, strukturell verbindende »alphabetische Serie« gegeben, die als Ordnungselement erkannt wird, jedoch scheitert das Verständnis am Vorliegen einer in diesen Sphären unzugänglichen ›semantischen Ordnung‹. Schon der diskurstheoretische Begriff hatte eine Anmutung des Räumlichen. Vgl. Foucault: Die Ordnung der Dinge, S. 22 f. Ausführlicher hierzu: Schäfer-Biermann, Birgit u. a.: Foucaults Heterotopien als Forschungsinstrument. Eine Anwendung am Beispiel Kleingarten. Wiesbaden: Springer VS 2016. DOI: 10.1007/978-3-658-12888-3 [09.10.2016], S. 57–62.

9 Vgl. Schäfer-Biermann: Foucaults Heterotopien als Forschungsinstrument, S. 62.

10 Foucault, Michel: Die Heterotopien. In: Die Heterotopien. Der utopische Körper. Zwei Radiovorträge. Übersetzt von Michael Bischoff (suhrkamp taschenbuch wissenschaft 2071). 2. Aufl. Berlin: Suhrkamp 2014, S. 11.

welcher den Eindruck spontaner Gedankenentwicklung erzeuge.[11] Auf Einladung des Architekten Ionel Schein hin trug er die Skizze mit geringfügigen Änderungen am 14. März 1967 im *Cercle d'études architecturales* erneut vor.[12]

Wie der diskurstheoretische Begriff fand auch das raumtheoretische Pendant nicht explizit Eingang in nachfolgende Schriften, wodurch die Heterotopie in Foucaults Theoriegebäude fragmentarisch blieb.[13]

Die Rezeption des Heterotopiebegriffs blieb bis 1984 auf einen kleinen wissenschaftlichen Kreis begrenzt, da die Vorträge ausschließlich als Mitschriften kursierten.[14] Eine von Foucault zwar autorisierte, aber nicht initiierte Publikation des Vortrages von 1967, erschien 1984 auf Bestreben der Veranstalter der *Internationalen Bauausstellung* in Berlin unter dem Titel *Des espaces autres* (dt. *Von anderen Räumen*) in der Fachzeitschrift *Architecture, Movement, Continuité*.[15] Seither hat der Begriff Eingang in zahlreiche wissenschaftliche Disziplinen gefunden, nach Klass insbesondere in Architektur, Philosophie, Literaturwissenschaft sowie Soziologie und ihr anverwandte Fächer. Er merkt allerdings an, dass die Theoriebildung bisher in keinem der genannten Bereiche zur Spruchreife gediehen sei.[16] Konkretere Kritik an den Bearbeitungsweisen des Begriffs liefern Warning und Schäfer-Biermann et al. Einerseits neige man in der Forschung dazu, die Skizze derart weit zu fassen, dass konzise Fragestellungen nicht ermöglicht würden.[17] Als problematisch erweist sich in diesem Zusammenhang auch das Vorgehen, die diskurs- und raumtheoretischen Heterotopiebegriffe in undurchsichtiger Weise zu vermengen, sodass nicht klar hervortritt, welche

---

11 Vgl. Tafazoli, Hamid/Gray, Richard T.: Einleitung. Heterotopien in Kultur und Gesellschaft. In: Außenraum – Mitraum – Innenraum. Heterotopien in Kultur und Gesellschaft. Hrsg. von dens. Bielefeld: Aisthesis 2012, S. 7.

12 Vgl. Schäfer-Biermann: Foucaults Heterotopien als Forschungsinstrument, S. 62. Inhaltliche Abweichungen zwischen erstem und zweitem Vortrag können in Gegenüberstellungen nachvollzogen werden in Schäfer-Biermann: Foucaults Heterotopien als Forschungsinstrument, S. 63–71.

13 Tafazoli/Gray: Heterotopien in Kultur und Gesellschaft, S. 8.

14 Vgl. Chlada: Heterotopie und Erfahrung, S. 11.

15 Vgl. Defert, Daniel: Raum zum Hören. In: Die Heterotopien. Der utopische Körper. Zwei Radiovorträge. Übersetzt von Michael Bischoff (suhrkamp taschenbuch wissenschaft 2071). 2. Aufl. Berlin: Suhrkamp 2014, S. 67–92.

16 Vgl. Klass: Heterotopie, S. 265.

17 Vgl. Warning, Rainer: Heterotopien als Räume ästhetischer Erfahrung. Paderborn/München: Fink 2009, S. 16.

Bedeutungsebene letztendlich verwendet wird. Andererseits birgt auch die »›Übertragung in das Korsett einer methodisch systematischen und fallbezogenen [...] Forschung (...) beinahe zwangsläufig [die Gefahr] einer verkürzenden Disziplinierung Foucaults‹«, worunter die Aussagekraft des Konzeptes leidet.[18]

Vor dem Hintergrund dieser Problemstellungen erfolgt die Definition der Heterotopie hier primär aus Foucaults Publikation *Von anderen Räumen*. Dabei wird dem Aufsatz in Übereinstimmung mit Susanne Rau »weniger [eine] philosophisch-theoretische als [eine] kulturanthropologische oder soziologische«[19] Stoßrichtung zugeschrieben. Ziel ist es, den Begriff aus dem Quelltext heraus für die Untersuchung des Andersweltempfindens und der sozialen Prozesse bei der Buchlektüre fruchtbar zu machen.

Foucault stellt Heterotopien – im Kontrast zu Utopien, die lediglich geistig-immaterielle › Abgrenzungsräume ‹ bilden – als »reale, wirkliche, zum institutionellen Bereich der Gesellschaft gehörige Orte« dar, durch die

> *all die anderen realen Orte, die man in der Kultur finden kann, zugleich repräsentiert, in Frage gestellt und ins Gegenteil verkehrt werden. Es sind gleichsam Orte, die außerhalb aller Orte liegen, obwohl sie sich durchaus lokalisieren lassen.*[20]

Heterotopien sind also körperlich erfassbare Räume, deren Eigenart nicht im Wesentlichen in ihrer Lokalisierbarkeit, sondern in ihrer spezifischen Beziehung zu anderen Räumen besteht. Diese spezielle Beziehung vermittelt sich allerdings nicht wesentlich durch Topographie oder – grundsätzlicher – Materialität, sondern vielmehr durch *gesellschaftliche* und *kulturelle* Überformung.

Geschaffen werden Heterotopien im Diskurs, und zwar indem der heterotope Status eines (natur)gegebenen, errichteten oder zu errichtenden

---

18 Füller, H./Michel, B.: Die Ordnung der Räume. Geographische Forschung im Anschluss an Michel Foucault. Münster: Verlag Westfälisches Dampfboot 2012, S. 13. Zitiert nach Schäfer-Biermann: Foucaults Heterotopien als Forschungsinstrument, S. 85.

19 Rau, Susanne: Räume. Konzepte, Wahrnehmungen, Nutzungen (Historische Einführungen 14). Frankfurt a. M.: Campus 2013.

20 Foucault, Michel: Von anderen Räumen. In: Raumtheorie. Grundlagentexte aus Philosophie und Kulturwissenschaften (suhrkamp taschenbuch wissenschaft 1800). Hrsg. von Jörg Dünne und Stephan Günzel. Frankfurt a. M.: Suhrkamp 2006, S. 320.

Materialraumes gesellschaftlich verhandelt wird. Dass die materielle Ebene der Heterotopie sich nicht in einer fixen, verbindlichen Relation zur Umgebung befinden muss, verdeutlicht Foucault mit dem Beispiel des Schiffs.[21] Eine Heterotopie liegt also dann vor, wenn in einem dafür ausersehenen Materialraum bereits existierende gesellschaftliche und kulturelle Prozesse in einer spezifischen Verbindung und Funktionsweise zusammentreffen, die außerhalb des dafür vorgesehenen Ortes in solcher Konstellation nicht bestehen oder nicht bestehen können, um eine herrschende Ordnung nicht zu gefährden. In einem materiell definierten Raum können die Prozesse in reduzierter, kondensierter Form – quasi als autarkes System – wirken, ohne sich in bestehende Ordnungssysteme fügen zu müssen.

In sechs Grundsätzen, denen eine heuristische Typologie von Heterotopien beigestellt ist, die hier nur aufgeführt wird, soweit sie wesentlich zum Verständnis der Grundsätze beiträgt, fasst Foucault den Begriff enger:

Erstens handelt es sich bei der Schaffung von Heterotopien um eine Universalie menschlichen Kulturwirkens. Die Ausgestaltung der Heterotopie ist hierbei allerdings nicht universal, da diese durch die Eigenheit der jeweiligen Kultur vorstrukturiert wird.[22] Ein und derselbe Ort kann somit von verschiedenen Gesellschaften mit differierendem heterotopen Gehalt erfüllt werden – man denke beispielsweise an den Tempelberg.

Zweitens sind Heterotopien innerhalb einer Gesellschaft funktional besetzt. Wandeln sich kulturelle und gesellschaftliche Bedingungen, unterliegt auch der heterotope Gehalt eines Ortes Veränderungen, möglicherweise verliert der Raum diesen Gehalt sogar zur Gänze.[23] Illustriert werden kann dieser Grundsatz am Beispiel des Funktionswandels antiker Tempelbauten in der historischen Entwicklung der griechischen Gesellschaft und Kultur.

Drittens besitzen Heterotopien ›mediale‹ Qualitäten, mithilfe derer sie »mehrere reale Räume, mehrere Orte, die eigentlich nicht miteinander verträglich sind, an einem einzigen Ort nebeneinander [...] stellen«.[24] Foucault nennt hier als Beispiele Theater und Kino, die neben ihrem

---

21 Vgl. ebd., S.327.
22 Vgl. ebd., S.321.
23 Vgl. ebd., S.322.
24 Ebd., S.324.

Bestehen als Vorführungsräume gleichzeitig Räume des Vorgeführten bzw. Vermittelten bilden und damit über die eigene Räumlichkeit hinausweisen.[25]
Viertens

> stehen *[Heterotopien]* meist in Verbindung mit zeitlichen Brüchen, das heißt, sie haben Bezug zu Heterochronien *[...]*. Eine Heterochronie beginnt erst dann voll zu funktionieren, wenn die Menschen einen absoluten Bruch mit der traditionellen Zeit vollzogen haben.[26]

Dieser Bruch vollzieht sich natürlich nicht als physikalisches Faktum – als Ort ist die Heterotopie immer noch der Physik ihrer Umwelt unterworfen –, sondern bezieht sich auf ein unkonventionelles Zeitempfinden derer, die den heterotopen Raum erfahren, nämlich auf das Diskrepanzempfinden zwischen tatsächlich vergangener Zeit und *erlebtem* Zeitverlauf.

Fünftens sind Heterotopien keine Räume, die zufällig oder beiläufig betreten werden können. Der Zutritt zu ihnen ist mit Schwellen – beispielsweise in Form von Ritualen – versehen, die von Individuen bewusst wahrgenommen und als solche überschritten werden müssen.[27] Erfolgt dies nicht, so entwickelt sich kein Bewusstsein hinsichtlich des heterotopen Raums. Folglich wird der Raum zwar materiell, aber nicht heterotop – und damit nicht in seiner kulturell-gesellschaftlichen Andersdimension – erfasst.[28]

Sechstens üben Heterotopien in Relation zum sie umgebenden Raum

> eine Funktion *[aus]*, die sich zwischen zwei extremen Polen bewegt. Entweder sollen sie einen illusionären Raum schaffen, der den ganzen realen Raum *[...]* als noch größere Illusion entlarvt. *[...]* Oder sie schaffen einen anderen Raum, *[...]* der im Gegensatz zur wirren Unordnung unseres Raumes eine vollkommene Ordnung aufweist.[29]

Als illusorische Heterotopie führt Foucault das Beispiel des Bordells an, als kompensatorische Heterotopie den strikt durchorganisierten

---

25 Vgl. Foucault: Von anderen Räumen, S. 324..
26 Ebd.
27 Vgl. ebd., S. 325.
28 Vgl. ebd., S. 326.
29 Ebd.

Lebensalltag südamerikanischer Jesuitenkolonien im 19. Jahrhundert.[30] Hier verweist Foucault auf die Erlebnisintensität der Heterotopie in Relation zum Außenraum. Heterotopien werden demnach besucht, um gezielt und nach jeweiligem Bedürfnis, das im Außenraum wurzelt, ein stärkeres oder schwächeres emotional-sinnliches Erleben zu ermöglichen.

Während die Heterotopie ihrem Beobachter im diskurstheoretischen Kontext als beunruhigendes, chaotisches Element *widerfährt*, ist sie im raumtheoretischen Kontext ein aus der Verbindung von Materialraum und Diskurs entwickeltes Gebilde, das von Gesellschaften im Verständnis ihrer Funktionalität *geschaffen* und von Individuen aktiv *genutzt* und erlebt wird.

Räumlichkeit, ihr zugedachte *gesellschaftlich-kulturelle* – und damit soziale – *Prozesse* und das *Erleben* dieser spezifischen Verbindung in *funktionaler Abgrenzung* zur materiellen und kulturellen Umwelt bilden damit die wesentlichen Konstituenten der Heterotopie.

Damit ist der Heterotopiebegriff imstande, die einleitend erwähnte Kluft medienwissenschaftlicher Betrachtung zwischen kognitiver und materieller Wahrnehmung des Buches zu schließen, selbiges gilt für die Trennung räumlicher und sozialer Erlebnisperspektiven bei der Rezeption. Gleichzeitig wird die wertende Dimension der Rezeptionserfahrung aufgelöst, da im Rahmen der Heterotopie ihre funktionale Natur im Zentrum steht.

Die vorliegende Arbeit befasst sich mit der Frage, ob dem Buch das Leistungsvermögen einer Heterotopie inhärent ist oder ob etwaiges Andersweltempfinden der Leser als bloße Zuschreibung an das Medium aufgefasst werden muss. Anhand der foucaultschen Definition von Heterotopie lässt sich diese Fragestellung in vier Kategorien aufteilen:

1. Ist das Buch ein körperlich erfassbarer Raum, der zum ›institutionellen Bereich der Gesellschaft‹ gehört?
2. Ist das Buch diskursiv überformt?
3. Ist im Buch ein bereits existierender sozialer Prozess in spezifischer, exklusiver Verbindung und Funktionsweise eingebettet?
4. Ist das Buch Gegenstand von Erlebnisprozessen?

---

30   Vgl. ebd., S. 326 f.

1.3 Methodik und Forschungsbericht

1.3.1 Erarbeitung des Buchbegriffs

Im ersten Schritt ist ein der weiteren Betrachtung zugrundeliegender Buchbegriff zu erfassen. Migon bezeichnet »[d]ie komplexe Erscheinungsform des Buches und seiner Funktionen« als ursächlich für die Unmöglichkeit einer »vollständige[n] oder präzise[n] Eingrenzung des Begriffs ›Buch‹«, sodass definitorisch nur eine »Annäherung« vorgestellt werden könne.[31] Diese Annäherung erfolge in der Regel auf einer Skala zwischen Materialität und Funktionalität des Buches, wodurch sie letzten Endes zweidimensional verbleibe.[32] Rautenberg verweist darüber hinaus kritisch auf oftmals eindimensional gefasste Buchbegriffe, wie die 1964 zu statistischen Zwecken verfasste, auf die Materialperspektive beschränkte Definition der UNESCO, die bis zum heutigen Tag unreflektiert über diverse Lexika und Handbücher hinweg kolportiert wird.[33] In Einzelfällen wird die Begriffsfassung des Buches gänzlich vermieden.[34] Vor Herausforderungen hinsichtlich der Fassung ihres Formalobjekts steht allen voran die Buchwissenschaft. Sie befasst sich mit dem »Medium Buch, seine[n] Bereitstellungsqualitäten, schwergewichtig [mit] Buchkommunikation und -wirtschaft und Buchfunktionalität überhaupt«.[35] Die Vielgestalt der Arbeitsfelder – begründet in den divergierenden fachlichen Wurzeln der buchwissenschaftlichen Institute in Deutschland – verdeutlicht bereits, dass eine zweidimensionale Erfassung des Buches den Anforderungen nicht genügen kann. Insbesondere, da die Buchwissenschaft als inter- und transdisziplinäres Fach vielfältige methodische und theoretische Ansätze aus Geschichts-, Kultur-, Sozial-, Kommunikations- und Medienwissenschaft in ihre Gegenstands-

---

31 Migon, Krzysztof: Das Buch als Gegenstand wissenschaftlicher Forschung. Buchwissenschaft und ihre Problematik (Buchwissenschaftliche Beiträge aus dem Deutschen Bucharchiv München 32). Wiesbaden: Harrassowitz 1990, S. 15.

32 Vgl. ebd., S. 15.

33 Vgl. Rautenberg, Ursula: Buchwissenschaft in Deutschland. Einführung und kritische Auseinandersetzung. In: Buchwissenschaft in Deutschland. Ein Handbuch. Hrsg. von ders. Berlin/Boston: De Gruyter 2013, S. 41 f.

34 Vgl. ebd., S. 41.

35 Saxer, Ulrich: Buchwissenschaft als Medienwissenschaft. In: Buchwissenschaft in Deutschland. Ein Handbuch, S. 86 f.

definition integrieren muss.[36] Erste Schritte in Richtung eines mehrdimensionalen Buchbegriffs leisten Ursula Rautenberg und Dirk Wetzel in einer Monographie aus dem Jahr 2001.[37] Nachfolgend referiert Rautenberg in mehreren unselbstständig erscheinenden Beiträgen auf Erkenntnisse dieses Bandes, vertieft und erweitert sie um einzelne Aspekte. Dem von Saxer angeführten »Isomorphiepostulat«[38] konnte jedoch bisher nicht Rechnung getragen werden.

In der vorliegenden Arbeit wird der Buchbegriff modellhaft erfasst.[39] Für die Skizzierung des Buchbegriffs werden Strukturelemente verwendet, die im Rahmen des Symposions *Buchwissenschaft – Medienwissenschaft* im Jahr 2003 an die Buchwissenschaft herangetragen wurden (siehe Abbildung 1).[40]

Als Grundlage dient die Dreiecksdarstellung der Mediendimensionen von Knut Hickethier.[41] Die Figur spannt sich zwischen den Punkten *Medialität*, *Medientechnik* und *Mediengebrauch* auf. Hickethiers Schema wurde hier um

36 Vgl. Saxer: Buchwissenschaft als Medienwissenschaft, S. 87. Was sie nach Saxer allerdings bisher nicht in überzeugender Weise leistet. Ihm zufolge herrscht ein »wenig profilierte[r] wissenschaftstheoretische[r] Pluralismus mit deutlicher Präferenz für historisch-hermeneutische Perspektiven« vor. Diese Perspektiven genügten letztlich nicht, um den Formalbegriff Buch in allen relevanten Dimensionen zu erfassen. Zugriffe auf die Methodik und Theorien benachbarter und fremder Disziplinen fänden in einzelnen Arbeiten zwar statt, dann aber in oberflächlicher Anwendung. [Dieser Kritik muss sich auch vorliegende Arbeit stellen, sie tut dies – allerdings mit Verweis auf das ebenfalls von Saxer postulierte »spieltheoretische Obligat«.] Auf diese Weise habe man es in der Buchwissenschaft bisher verpasst, Methoden und Theorien systematisch zu erschließen und mit ihrer Hilfe anerkannte Basiskonzepte zu begründen. Als ursächlich für die fachlichen Unschärfen bezeichnet Saxer unter anderem die unwissenschaftliche Ideologisierung des ›Kulturguts‹ Buch. Vgl. Saxer: Buchwissenschaft als Medienwissenschaft, S. 72 f. sowie 80.

37 Rautenberg, Ursula/Wetzel, Dirk: Buch (Grundlagen der Medienkommunikation 11). Tübingen: Niemeyer 2001.

38 »Wissenschaftliche Modellierungen müssen der Struktur ihres Beobachtungsobjektes entsprechen, insbesondere deren Komplexität auf das Wesentliche reduzieren, aber deren Komplexität doch in Theoriekonstrukten von analoger Eigenkomplexität abbilden.« Siehe Saxer: Buchwissenschaft als Medienwissenschaft, S. 69. Insbesondere die ›komplexitätsreduzierende‹ Systematisierung des Buchbegriffs ist in den Arbeiten Rautenbergs nicht wesentlich vorangeschritten. Erfasst wird das ›Wesentliche‹ des Buchs zudem häufig durch die Abgrenzung gegenüber anderer Medien. In Anbetracht der Forschungslage kann eine autonome Charakterisierung allerdings kaum geleistet werden.

39 Das entsprechende Modell entwickelte ich in seinen Grundzügen bereits in einer nicht publizierten Seminararbeit mit dem Titel *Die Problematik der Mediengeschichtsschreibung des Buches. Untersuchung und Skizzierung des buchwissenschaftlichen Buchbegriffs.* Für die Verwendung in dieser Arbeit wurde die Modellskizze entsprechend der spezifischen Fragestellung modifiziert.

40 Vgl. Kerlen, Dietrich: Vorwort. In: Buchwissenschaft – Medienwissenschaft. Ein Symposion (Buchwissenschaftliche Forschungen 4/2004). Hrsg. von dems. Wiesbaden: Harrassowitz 2004, S. VII.

41 Vgl. Hickethier, Knut: Ist das Buch überhaupt ein Medium? Das Buch in der Medienwissenschaft. In: Buchwissenschaft – Medienwissenschaft. Ein Symposion (Buchwissenschaftliche Forschungen 4/2004). Hrsg. von Dietrich Kerlen. Wiesbaden: Harrassowitz 2004, S. 47 f.

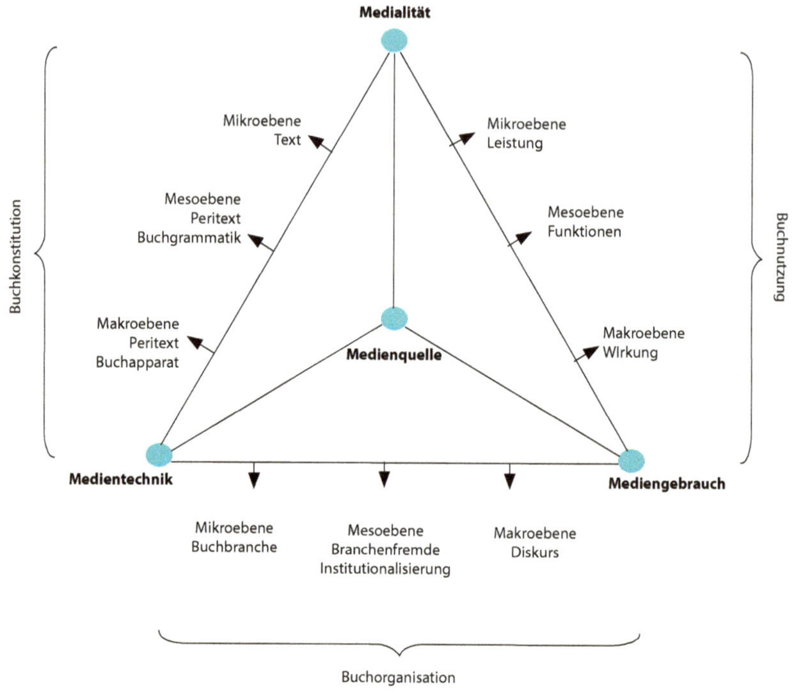

Abbildung 1. Schema des Buchbegriffs. Eigene Darstellung nach Hickethier (2004), S. 47f. sowie Bonfadelli (2004), S. 96–101.

einen vierten, zentralen Punkt ergänzt: den der *Medienquelle*. Er bezeichnet den Autor, der durch seine Tätigkeit in alle Dimensionen des Buches hineinwirkt, ohne sich verbindlich in eine von ihnen integrieren zu lassen. Die Seiten des Dreiecks repräsentieren die Dimensionen *Buchkonstitution*, *Buchnutzung* und *Buchorganisation*, die – unter variierender Benennung – in der einschlägigen Literatur wiederholt als zu fassend angeführt werden. Allerdings bilden die Seiten nicht nur Dimensionen ab, sondern eröffnen Skalen zwischen den Schnittpunkten.

Das oben beschriebene Modell wurde um die von Heinz Bonfadelli vorgeschlagenen Analyse-Ebenen *Mikro-*, *Meso-* und *Makroebene* erweitert.[42] Die Begriffe wurden in Zügen neu kontextualisiert. Um ihr deskriptives Potenzial in vollem Umfang nutzbar zu machen, werden sie hier nicht nur in der ursprünglich kommunikationssoziologischen Konnotation verwendet. Der logische Zusammenhang der Ebenen ist jener der Inklusion – die Mikroebene gilt als ›Wesenskern‹ der entsprechenden Dimension, die in erster und zweiter Instanz von Meso- und Makroebene gerahmt wird. Diese Handhabung ist geeignet, Interferenzen abzubilden. Die einzelnen Analyse-Ebenen werden darüber hinaus auf den oben genannten Skalen angeordnet, um ihre Relation zu den jeweiligen Polen, aber auch die zu den anderen Dimensionen, zu veranschaulichen.

Klar hervortretende Schwächen des Modells sind zum einen die weiterhin bestehende Problematik einer bloßen Annäherung an den Buchbegriff und zum anderen die durch Schematisierung zwangsläufig auftretende, unsachgemäße Verkürzung. Schließlich ist durch die Beugung der Einzelaspekte unter eine systemische Betrachtung auch die Gefahr einer partiell kontraintuitiven – und nur durch Explikation auflösbaren – Darstellung der Zusammenhänge gegeben.

Dem entgegen stehen generelle Vorzüge des Modells, dergestalt, dass der Abstraktionsgrad insbesondere gegenüber anderen Schriftmedien Abgrenzungen ermöglicht, es aktualisierbar – sprich auf verschiedene Buchformen[43] anwendbar – bleibt und gleichzeitig Anschlusspunkte für buchverwandte Medien wie das Hörbuch bietet. Im Kontext dieser Arbeit sprechen weitere Faktoren für die Verwendung des Modells:
Seine Mehrdimensionalität wird dem zugrunde gelegten, mehrgliedrigen Heterotopiebegriff gerecht – das Element der *Materialität* findet sich in der Dimension der *Buchkonstitution*, dasjenige der *gesellschaftlich-kulturellen Überformung* in der *Buchorganisation* und schließlich das *individuelle Erleben* in der *Buchnutzung*. Solchermaßen wird die Synthese von Buch- und Heterotopiebegriff erleichtert. Die schematische Darstellung erlaubt schließlich den

---

42 Vgl. Bonfadelli, Heinz: Buch, Buchlesen und Buchwissenschaft aus publizistikwissenschaftlicher Perspektive. In: Buchwissenschaft – Medienwissenschaft. Ein Symposion (Buchwissenschaftliche Forschungen 4/2004), S. 96–101.

43 Als die wichtigsten erfasst Ursula Rautenberg »die Rolle, de[n] handschriftliche[n] oder gedruckte[n] Codex sowie das elektronische Buch«. Siehe Rautenberg, Ursula: Buchmedien. In: Handbuch Medien der Literatur. Hrsg. von Natalie Binczek, Till Dembeck und Jörgen Schäfer. Berlin/Boston: De Gruyter 2013. DOI: 10.1515/9783110295573.235 [09.10.2016], S. 236.

zielgerichteten Zugriff auf Einzelaspekte des Buches sowie im Modell implizierte Interferenzen zur Anwendung auf die im nächsten Schritt zu betrachtenden medientheoretischen Perspektiven. Schlussendlich vermag es das hier vorgeschlagene Buchmodell zwar nicht, grundsätzliche Problematiken der buchwissenschaftlichen Begriffserschließung zu lösen; es kann allerdings im spezifischen Kontext dieser Arbeit fruchtbar gemacht werden.

Die Positionierung des Modells an dieser Stelle vereinfacht die Darstellungen von Ab- und Eingrenzungen, die im Rahmen dieser Arbeit notwendigerweise geleistet werden müssen.

Die Bezeichnung ›Buchnutzung‹ ist hier in Referenz auf die Buchnutzungsforschung gewählt, die sich »konzeptionell von der Buchwirkungsforschung ab[grenzt]«[44]:

[D]er Leser [ist] nicht mehr das (potenzielle) Objekt der Wirkung eines Textes; vielmehr wird der Rezipient zum aktiven Subjekt, dessen Objekt der Text ist; und der Anteil des Rezipienten wird nicht mehr nur als eine Randbedingung der ›Wirkungen‹ des Textes angesehen. Konsequenterweise wird von hier aus auch nicht mehr von ›Textwirkung‹ gesprochen, sondern von ›Lektürewirkung‹.[45]

Im Kontext dieser Arbeit erschließt die Buchnutzungsforschung in höherem Maß als die Wirkungsforschung den Lese*prozess*, der hier im Zusammenhang mit der heterotopen Erlebnisdimension steht.[46] Der Leseprozess wird im Buchmodell der Kategorie *Leistung* zugewiesen. Diese Kategorie ist es, die in der folgenden Anwendung im Rahmen allgemeiner Mediennutzungstheorien im Vordergrund steht.

---

44 Schön, Erich: Buchnutzungsforschung. In: Buchwissenschaft und Buchwirkungsforschung. VIII. Leipziger Hochschultage für Medien und Kommunikation. Hrsg. von Dietrich Kerlen und Inka Kirste. Leipzig: Institut für Kommunikations- und Medienwissenschaft 2000, S. 113. Abzugrenzen ist weiterhin die hier zentrale ›universitäre‹ Mediennutzungsforschung, die »das (Buch-)Lesen in unterschiedlichen theoretischen Perspektiven als inter- beziehungsweise transdisziplinären Forschungsbereich [fundiert]«. Nicht von Relevanz ist in dieser Abhandlung die empirische, »anwendungsorientierte (Buch-)Lese(r)forschung«, wie sie beispielsweise im Auftrag des Börsenvereins durchgeführt wird. Siehe Bonfadelli, Heinz: Zur Konstruktion des (Buch-)Lesers. Universitäre Kommunikationswissenschaft und angewandte Medienforschung. In: Sinn und Unsinn des Lesens. Gegenstände, Darstellungen und Argumente aus Geschichte und Gegenwart. Hrsg. von Axel Kuhn und Sandra Rühr. Göttingen: V&R unipress 2013. DOI: 10.14220/9783737001281 [09.10.2016], S. 164.

45 Ebd., S. 118.

46 Einen den Leser an prominenter Position einbeziehenden Buchbegriff forderte bereits Migon. Vgl. Migon: Das Buch als Gegenstand wissenschaftlicher Forschung, S. 19.

Zugleich könnte durch die weiter gefasste Bezeichnung ›Nutzung‹ im Gegensatz zur ›Rezeption‹ auch sogenannte »uneigentliche Buchnutzung« miteinbezogen werden, die sich durch »zeichenhaften Buchgebrauch« ausweist.[47] Diese Variante des Buchgebrauchs ist ein historischer Begleiter des Lesens und konnte einen eigenen Kreislauf um Leistung, Funktion und Wirkung etablieren. Genannt seien beispielsweise Buchzerstörung, -eid oder -verehrung.[48] Diese Arbeit konzentriert sich jedoch auf den ›eigentlichen‹ Buchgebrauch: Das Lesen »als eine kognitiv-aktive (Re-)Konstruktion von Informationen, in der die Rezipienten die im Text enthaltene ›Botschaft‹ aktiv mit ihrem Vor- und Weltwissen verbinden«.[49]

Hinsichtlich des Buchtextes werden nur *narrative Texte* berücksichtigt. Wesentliche Merkmale solcher Texte im hiesigen Verständnis sind (1) Selektion zu erzählender Ereignisse um *personelles Inventar*, (2) Strukturierung dieser Ereignisse in einen zeitlichen Verlauf und (3) hierdurch die Erzeugung einer geschlossenen Erzählwelt mit ›Anfang‹ und ›Ende‹, in der alle eingebrachten Elemente einen sinnerzeugenden Systemzusammenhang bilden.[50] Eine Unterscheidung zwischen fiktionalen und faktualen Texten wird nicht getätigt. Auf diese Weise können nicht nur belletristische Genres, sondern auch Biographien und gegebenenfalls Sachbücher in die Betrachtung einbezogen werden. Darüber hinaus wird explizit keine Unterscheidung zwischen Hoch-, Trivial- und Unterhaltungsliteratur getroffen.[51]

Angewendet wird das Buchmodell in dieser Arbeit auf den gedruckten Codex in seiner heutigen Ausprägung. Von historischen Buchformen und auch vom in jüngerer Zeit im narrativen Bereich an Bedeutung

---

47   Rautenberg, Ursula: Das Buch in der Alltagskultur. Eine Annäherung an zeichenhaften Buchgebrauch und die Medialität des Buches (Alles Buch – Studien der Erlanger Buchwissenschaft XV/2005). URL: https://opus4.kobv.de/opus4-fau/frontdoor/index/index/docId/5843 [09.10.2016], S. 5.

48   Vertiefend hierzu Watson, Rowan: Some Non-textual Uses of Books. In: A Companion to the History of the Book. Hrsg. von Simon Eliot and Jonathan Rose. Malden/Oxford/Chichester: Wiley-Blackwell 2009, S. 480–492.

49   Schön: Buchnutzungsforschung, S. 117.

50   Vgl. Hickethier, Knut: Einführung in die Medienwissenschaft. 2. akt. und überarb. Aufl. Stuttgart: J. B. Metzler 2010, S. 129–131 sowie 133 f.

51   Der theoretisch und methodisch schwach unterfütterten Kategorisierung dieser ›Qualitätsetiketten‹ folgt in der Regel die Wahl eines der Labels, auf dessen Basis das Forschungsdesign entworfen wird. Nicht nur werden durch diese Vorgehensweise unnötigerweise weite Teile der Leserschaft außer Acht gelassen – und damit Erkenntnispotenzial verschenkt –, auch verfälscht die diffus wertende Perspektive die Forschungsergebnisse möglicherweise noch vor Durchführung der Untersuchung. Nachvollziehbar wird diese Problematik beispielsweise in Kidd, David Comer/ Castano, Emanuele: Reading Literary Fiction Improves Theory of Mind. In: Science 342 (2013) 6156, S. 377–380. DOI: 10.1126/science.1239918 [12.12.2016].

gewinnenden E-Book muss Abstand genommen werden, da jede dieser Formen spezielle Implikationen nicht nur im Hinblick auf Materialität und Organisation, sondern vor allem auf die Rezeption mit sich bringt, die in diesem Rahmen nicht angemessen bearbeitet werden können. Legitim erscheint diese Entscheidung vor dem Hintergrund, dass Lesesozialisation vor allem im institutionellen Bereich noch immer primär anhand des Codex erfolgt. In materieller Hinsicht wird eine weitere Eingrenzung vorgenommen: Gegenstand ist hier vorrangig das sogenannte ›Gebrauchsbuch‹ – wobei sich der Gebrauch auf das Lesen von Texten bezieht –, in Abgrenzung unter anderem vom Künstlerbuch, Bilderbuch oder Coffee-Table-Book.

Das vorgestellte Modell des Buchbegriffs ist im Hinblick auf seine anschließende Anwendung zu erläutern. Hierzu kann generell auf eine Vielzahl von Schriften zugegriffen werden. Hervorzuheben bleiben dabei die bereits erwähnten Schriften Ursula Rautenbergs. Im Bereich der *Buchkonstitution* ist insbesondere das von Binczek, Dembeck und Schäfer herausgegebene *Handbuch Medien der Literatur*[52] zu berücksichtigen, das sich in Einzelbeiträgen unter literaturwissenschaftlicher Perspektive mit den immateriellen und materiellen Aspekten des Buch(körper)s befasst. In Bezug auf die *Buchnutzung* haben sowohl Werner Graf[53] als auch Corinna Pette[54] grundlegende Beiträge zu Rezeptionsmodalitäten des Buches vorgelegt. Diese Arbeit stützt sich vorwiegend auf die Monographie Grafs, da sich seine empirisch-qualitative Untersuchung auf eine ungleich breitere Materialbasis stützt.

1.3.2 Modelle der Mediennutzungsforschung

Es werden in dieser Arbeit grundsätzlich zwei Betrachtungsebenen unterschieden: die der Erfahrung (also der kognitiven Erfassung) und die des Erlebens (der körperlichen Wahrnehmung) während des Rezeptionsvorgangs. Diese zwei Ebenen werden je im Hinblick auf Andersraum und soziale Prozesse untersucht.

Der Bereich der kognitiven Erfassung ist durch die universitäre Mediennutzungsforschung abgedeckt. Wie es ihre inter- und transdisziplinäre

---

52 Binczek, Natalie/Dembeck, Till/Schäfer, Jörgen (Hrsg.): Handbuch Medien der Literatur. Berlin/Boston: De Gruyter 2013. DOI: 10.1515/9783110295573 [09.10.2016].

53 Graf, Werner: Der Sinn des Lesens. Modi der literarischen Rezeptionskompetenz (Leseforschung 1). Münster: LIT Verlag 2004.

54 Pette, Corinna: Psychologie des Romanlesens. Lesestrategien zur subjektiven Aneignung eines literarischen Textes. Diss. phil. Universität Freiburg 1999/2000. Weinheim: Juventa 2001.

Veranlagung erwarten lässt, liegen zahlreiche Einzeltheorien vor, die spezifische Aspekte der relevanten Phänomene in den Blick nehmen. Verwendung finden hier allerdings integrative Theorien, die in der Fachliteratur wiederholt miteinander in Relation gesetzt wurden. Ein Überblick über die vielstimmige Mediennutzungsforschung konnte dabei mithilfe des Sammelbandes *Medienpsychologie. Schlüsselbegriffe und Konzepte*[55], herausgegeben von Krämer et al., sowie Wolfgang Schweigers Monographie *Theorien der Mediennutzung. Eine Einführung*[56] gewonnen werden.

Erster Gegenstand der Untersuchung ist die Konstitution des Andersraums in kognitiver Hinsicht. Behandelt wird das Konzept des *narrativen Verstehens*, insbesondere auf der Basis der Artikel *Fictionality and Perceived Realism in Experiencing Stories*[57] von Busselle und Bilandzic sowie *Lesen als Sinnkonstruktion*[58] von Christmann. Die Annäherung an die soziale Erfahrung von Medienfiguren[59] erfolgt über das Konzept der *Persona*. Dem zugrunde gelegt ist die Monographie *Medienpersonen als parasoziale Beziehungspartner*[60] von Berit Baeßler. Hervorgehoben sei der Begriff ›Beziehungspartner‹ – nicht thematisiert wird in vorliegender Arbeit die *Identifikation* mit Medienfiguren.

Die körperliche Wahrnehmung erfordert die Berücksichtigung von über Medientheorien hinausweisenden Ansätzen, hier primär dem der *Embodied Cognition*. Verwendet wird hierfür Marco Caracciolos Monographie *The Experientiality of Narrative*[61]. Niedenthal et al.[62] und Barsalou[63] legen aufschlussreiche Überblicksartikel zum selben Thema vor. Vor dem

55   Krämer, Nicole u. a. (Hrsg.): Medienpsychologie. Schlüsselbegriffe und Konzepte.

56   Schweiger: Theorien der Mediennutzung.

57   Busselle, Rick/Bilandzic, Helena: Fictionality and Perceived Realism in Experiencing Stories: A Model of Narrative Comprehension and Engagement. In: Communication Theory 18 (2008), S. 255–280.

58   Christmann, Ursula: Lesen als Sinnkonstruktion. In: Lesen. Ein interdisziplinäres Handbuch. Hrsg. von Ursula Rautenberg und Ute Schneider. Berlin/Boston: De Gruyter 2015, S. 169–184. DOI: 10.1515/9783110275537-010 [09.10.2016].

59   Mit Medienfiguren werden hier ausschließlich narrative Figuren angesprochen. Eine durch die Lektüre vermittelte Beziehung zum Autor, wie sie Corinna Pette darstellt, ist nicht Thema dieser Arbeit. Vgl. Pette: Psychologie des Romanlesens, S. 273–294.

60   Baeßler, Berit: Medienpersonen als parasoziale Beziehungspartner. Ein theoretischer und empirischer Beitrag zu personazentrierter Rezeption. Baden-Baden: Nomos 2009.

61   Caracciolo, Marco: The Experientiality of Narrative. An Enactivist Approach. Berlin/Boston: De Gruyter 2014. Die Betrachtungen erschöpfen sich allerdings in der sprachlichen und strukturellen Dimension des Narrativs, seine Vermitteltheit durch Materialkörper findet keine Beachtung.

62   Niedenthal, Paula M. u. a.: Embodiment in Attitudes, Social Perception, and Emotion. In: Personality and Social Psychology Review 9 (2005) 3, S. 184–211. DOI: 10.1207/s15327957pspr0903_1 [10.01.2017].

63   Barsalou, Lawrence W.: Grounded Cognition. In: Annual Review of Psychology 59 (2008), S. 617–645. DOI: 10.1146/annurev.psych.59.103006.093639 [10.01.2017].

Hintergrund der Embodied Cognition wird das Modell räumlichen *Präsenzerlebens* von Wirth et al. vorgestellt.[64] Auf der Ebene des Erlebens wird auch Dolf Zillmanns *Drei-Faktoren-Empathie-Theorie*[65] angesiedelt, die üblicherweise zur Mediennutzungstheorie gerechnet wird. Im Zusammenhang mit der Empathie-Theorie wird auch sein Begriff der *Spannung*[66] relevant, der das Spannungserleben unter sozialen Aspekten beleuchtet, anstatt es primär in den Dienst der Unterhaltung zu stellen. Beide Ansätze Zillmanns werden mit dem Konzept der *parasozialen Interaktion* in Verbindung gebracht.

Der Skizzierung der vorgestellten Theorien schließt sich eine spezifischere Betrachtung im Hinblick auf die Potenziale von Buch und Buchlesen an.

Abschließend wird die soziale Dimension des Lesens unter besonderer Berücksichtigung der Buchmaterialität untersucht: Im Zentrum dieser Betrachtung steht die Berührung von Buch- und Rezipientenkörper im Zuge der Lektüre. Dieser Abschnitt fußt insbesondere auf den Artikeln *Ritualisierte Berührungen als Medium der Vergemeinschaftung*[67] von Matthias Riedel und *Das Buch in der Hand. Zum situativ-affektiven Umgang mit Texten*[68] von Sabine Gross.

Angesichts der Fülle der potentiell behandelbaren Aspekte im Rahmen dieses Themas kann nur selektiv und explorativ vorgegangen werden. Mithilfe einer ausschließlich theoriebasierten, hermeneutischen Methodik wird daher eine bloße Annäherung, und keine abschließende Beantwortung der Fragestellung angestrebt, auch, da viele der zugrunde gelegten Konzepte einen noch stark wandelbaren Status quo darstellen.

---

64 Wirth, Werner u. a.: A Process Model of Spatial Presence Experiences. In: Media Psychology 9 (2007) 3, S. 493–525. DOI: 10.1080/15213260701283079 [28.12.2016].

65 Zillmann, Dolf: Empathy. Affect from bearing witness from the emotions of others. In: Responding to the screen. Reception and reaction processes. Hrsg. von dems. und Jennings Bryant. Hillsdale/NJ: Lawrence Erlbaum 1991, S. 135–167.

66 Zillmann, Dolf: The psychology of suspense in dramatic exposition. In: Suspense. Conceptualizations, theoretical analyses and empirical explorations. Hrsg. von Peter Vorderer, Hans J. Wulff und Mike Friedrichsen. Mahwah/NJ: Lawrence Erlbaum Associates 1996, S. 199–232.

67 Riedel, Matthias: Ritualisierte Berührungen als Medium für Vergemeinschaftung. In: Körper und Ritual. Sozial- und kulturwissenschaftliche Zugänge und Analysen. Hrsg. von Robert Gugutzer und Michael Staack. Wiesbaden: Springer VS 2015, S. 145–167. DOI: 10.1007/978-3-658-01084-3_8 [12.12.2016].

68 Gross, Sabine: Das Buch in der Hand. Zum situativ-affektiven Umgang mit Texten. In: Leseverhalten in Deutschland im neuen Jahrtausend. Eine Studie der Stiftung Lesen. Hrsg. von der Stiftung Lesen und dem Spiegel-Verlag. Hamburg: Spiegel 2001, S. 175–197.

2 DER BUCHBEGRIFF

2.1 Buchkonstitution – zwischen Medialität und Medientechnik

Schon in der Dimension der Buchkonstitution sind drei Ebenen des Buches unterscheidbar. Nach dem Vorschlag von Georg Stanitzek wird hier insbesondere das Konzept der Paratextualität von Gérard Genette als deskriptives, aber auch differenzierendes Instrument verwendet.[69]

Dieses Schema scheidet den *Text* als rein geistige Struktur von allen Formen des körperlichen und sozial-gesellschaftlichen »Beiwerks«.[70] Solche umliegenden Elemente werden im Begriff *Paratext* zusammengefasst.[71] In einer weiteren Unterscheidung bezeichnet *Peritext* materielle Aspekte des Buchobjektes und *Epitext* das um es herum errichtete soziale Gefüge.[72]

In der angeführten Sphäre der Buchkonstitution sind Text und Peritext zu positionieren. Auf der *Mikroebene* der Skala wird der *Text* angesiedelt – am Pol der Medialität. Medialität ist nach Jäger als »eine operative Eigenschaft der Medien« zu charakterisieren, genauer: als »Verfasstheit von Medien, an der sich zeigt, dass und wie sie operieren«. Medialität berücksichtigt den Umstand, dass Medien Sinn nicht bloß vermitteln, sondern ihn zunächst erschaffen und dies nicht auf Basis »prämedialer« Erscheinungsformen wie mentaler Modelle, sondern basierend auf bereits

---

69 Vgl. Stanitzek, Georg: Buch. Medium und Form – in paratexttheoretischer Perspektive. In: Buchwissenschaft in Deutschland. Ein Handbuch, S. 158–163.

70 Genette, Gérard: Paratexte. Das Buch vom Beiwerk des Buches (suhrkamp taschenbuch wissenschaft 1510). Frankfurt a. M.: Suhrkamp 2001, S. 10.

71 Ebd., S. 10–13.

72 Ebd., S. 12 f.

»medialisierten Entitäten«.[73] Sinnerzeugendes, operatives Element des Buches ist sein Text, die bereits medialisierte Entität, auf der er beruht und in der er existiert, die Sprache.[74] Jäger spricht von einer »Primär-Medialität« der Sprache, die nicht nur ›Schriftmedien‹ zugrunde liege.[75] Angesichts dessen sind Besonderheiten des »Textformat[s] ›Buch‹« zu erfassen.[76] Georg Franck schreibt diesem grundsätzlich eine spezifische strukturelle, narrative oder argumentative Verfasstheit zu, von der insbesondere Extensivität und Komplexität hervorzuheben seien.[77] Ursula Rautenberg ergänzt den Faktor »dauerhafte Geltung«, gemessen an anderen Textformaten wie »Akzidenzien, Ephemera oder aktuellen Nachrichten«.[78] Betten, Fix und Wanning liefern darüber hinaus eine Abgrenzung gegenüber gesprochenen Texten: Das Kriterium der »Überformung«, d. h. durchgehender Gestaltung von Sprache im Gegensatz zu spontanem Gebrauch.[79] Als typische Gestaltungsverfahren, die zwar Schriftmedien generell, Buchtexten allerdings primär zu eigen seien, benennen sie:

Herstellung von Anschaulichkeit (Bilder, Vergleiche u. ä.), [...] seine Verdichtung (Fülle von Mitteln), die Erzeugung von Mehrdeutigkeit (Offenheit) und der Gebrauch bestimmter Zeitperspektiven (z. B. Tempora des Besprechens und Erzählens) [sowie den] Einsatz rhetorische[r] Figuren.[80]

---

73 Jäger, Ludwig: Medialität. In: Handbuch Sprache und Wissen (Handbücher Sprachwissen 1). Hrsg. von Ekkehard Felder und Andreas Gardt. Berlin/Boston: De Gruyter 2015. DOI: 10.1515/9783110295979.106 [09.10.2016], S. 110.

74 Diesen Sprachtexten sind im narrativen Text jedoch durchaus auch ›Bildtexte‹ beigestellt. Die Text-Bild-Interaktion wird nach Schausten und Weingart in hier betrachteten Fällen mit dem Begriff der »Verankerungsfunktion« beschrieben: »Der Text begrenzt die ›Projektionsmacht‹ des grundsätzlich mehrdeutigen Bildes (und damit das, was man ›hineinlesen‹ kann), indem er zu verstehen gibt, welche ›Sinn[gehalte]‹ zu aktivieren sind.« Zugleich erweitert der Bildtext den Sinngehalt des Textes. Siehe Schausten, Monika/Weingart, Brigitte: Text/Bild. In: Handbuch Medien der Literatur, S. 74.

75 Jäger: Medialität, S. 111 f.

76 Franck, Georg: Das Buch. Eine aussterbende Spezies? In: Neues vom Buch (Angewandte Literaturwissenschaft 11). Hrsg. von Doris Moser, Arno Russegger und Constanze Drumm. Innsbruck: Studienverlag 2011, S. 157.

77 Vgl. ebd., S. 161.

78 Rautenberg: Buchmedien, S. 236.

79 Betten, Anne/Fix, Ulla/Wanning, Berbeli: Sprache in der Literatur. In: Handbuch Sprache und Wissen (Handbücher Sprachwissen 1). Hrsg. von Ekkehard Felder und Andreas Gardt. Berlin/Boston: De Gruyter 2015. DOI: 10.1515/9783110295979.455 [09.10.2016], S. 462.

80 Ebd., S. 460.

Demgegenüber seien erzählerische Buchtextsorten und -gattungen spezifisch an das Textformat Buch gebunden. Es handelt sich bei ihnen um »komplexe Vorgaben für die Herstellung von Texten [...], kulturell geprägte Muster für bestimmte Weisen literarischen Schreibens, [...] die sich jeweils in einer (oder mehreren) Sprach- und Kulturgemeinschaft(en) herausgebildet haben und von dieser Gemeinschaft im Wesentlichen übereinstimmend akzeptiert werden.«[81] Einer Textsorte zugehörig, verfügt der Text über eine sich innerhalb eines ›kulturellen Regelwerks‹ bewegende Kombination der oben genannten sprachlichen Gestaltungsmittel und zusätzlich über eine normative (Handlungs-)Logik. Aus textlinguistischer Perspektive sind Texte – nicht immer, aber mehrheitlich – geschlossene Konstrukte mit Anfang und Ende, sequentiell und linear angelegt sowie themen- und motivgebunden und sie verfügen über eine innere Gliederung.[82]

Auf der *Mesoebene Peritext Buchgrammatik*[83] bildet sich ein wesentliches Spezifikum gedruckter Schriftmedien aus: die feste Verbindung von Trägermaterial und Text.[84] Durch diese Eigenschaft unterscheiden sie sich wesentlich von audiovisuellen Medien, da seit dem *linguistic turn* auch diesen Textmedialität zugesprochen wird.[85]

Texte in Reinform sind quasi nicht existent – »allenfalls in den Köpfen ihrer Schöpfer.«[86] Deshalb bedürfen sie der materiellen ›Übersetzung‹ in Zeichen, um überhaupt Wirkung zeigen zu können. Die Zeichen müssen innerhalb eines Zeichensystems funktional, das heißt sinntragend, sein und darüber hinaus eine konsentierte Form (Materie) aufweisen.[87] Die materielle Form des Buchtextes ist, da sprachbasiert, die Schrift. *Schriftlichkeit* ist die erste Stufe der Buchgrammatik, die sie abermals mit anderen Medienformaten teilt. Zu differenzieren sind zugleich zwei Formen der Schriftlichkeit: Hand- und Druckschrift. Die Schriftlichkeit des Codex basiert heute wesentlich auf dem Druck. Die zweite Stufe stellt hiermit die

---

81 Ebd., S. 460 f. sowie 463.

82 Vgl. ebd., S. 462.

83 Der Begriff der Buchgrammatik wurde von Ursula Rautenberg übernommen und angepasst. Vgl. u. a. Rautenberg: Buch, S. 84.

84 Rautenberg: Das Buch in der Alltagskultur, S. 9.

85 Vgl. Hickethier: Ist das Buch überhaupt ein Medium, S. 40.

86 Lucius, Wulf D. von: Bücher sind mehr als Texte. In: Vom Eigensinn des Buches. Warum schnelle Zeiten langsame Medien brauchen. Hrsg. von Johann-Friedrich Huffmann und Almut Röper. Berlin: Alert 2010, S. 60–62.

87 Vgl. Assmann, Jan: Im Schatten junger Medienblüte. Ägypten und die Materialität des Zeichens. In: Materialität der Kommunikation (Suhrkamp-Taschenbuch Wissenschaft Bd. 750). Hrsg. von Ulrich Gumbrecht und K. Ludwig Pfeiffer. Frankfurt a. M.: Suhrkamp 1988, S. 143.

Typographie, die Gestaltung von Schriftlichkeit vom einzelnen Buchstaben (Mikrotypographie) bis zum Layout (Makrotypographie).[88] Da dem Begriff der Typographie auch der des Layouts inhärent ist, welcher sich auch mit der Relation von Bild und Schrift im Druckmedium befasst, können in der Buchgrammatik auch Abbildungen in Form von Illustrationen, Fotografien u. a., aber auch des Covers oder der Autorenfotografie berücksichtigt werden. Die Vermittlerfunktion zwischen Text und Materialität bestimmt die Gestalt der Typographie, da sie nach ihren Vorgaben geplant werden muss.[89] Der Entwurf erfolgt heute über digitale Satzverfahren, die materielle Umsetzung vielfach über das Flachdruckverfahren des Offsetdrucks, das sich seit Mitte des 20. Jahrhunderts zunehmend gegen Hochdruckverfahren durchsetzte und damit einen Wandel des Schriftbildes herbeiführte.[90] Die Typographie fungiert auch als zeitgenössisches Statement über die optischen Erfordernisse der Schriftkommunikation und fügt dem Text durch die eigene konsensbasierte Verschlüsselung eine weitere Deutungsebene hinzu.[91]

Typographisch werden im Rahmen der Buchgrammatik sowohl *text-* als auch *marktfunktionale Paratexte* geschaffen. Textfunktionale Paratexte können geschieden werden in *lektürefunktionale Paratexte*, solche, die der Lese(r)lenkung dienen, und *narrativ-funktionale*, in denen Typographie bereits in der Anlage mit der Erzählung verwoben ist.[92] Lektürefunktionale Paratextualität erzielt Typographie grundsätzlich mit der Materialisierung des Textes und darauf folgend durch Gestaltung *am* Text, insbesondere im Hinblick auf *Textauszeichnungsmittel*[93] und *Textgliederungsmittel*[94], die die

---

88 Vgl. De Jong, Ralf: Typographische Lesbarkeitskonzepte. In: Lesen. Ein interdisziplinäres Handbuch, S. 234.

89 Vgl. Rautenberg, Ursula: Das Buch in der Codexform und einblättrige Lesemedien. In: Lesen. Ein interdisziplinäres Handbuch, S. 300.

90 Vgl. Haarmann, Harald/Metz, Bernhard/Zons, Alexander: Type. In: Handbuch Medien der Literatur, S. 132.

91 Vgl. Rautenberg/Wetzel: Buch, S. 23.

92 Bunia stellt in diesem Kontext exemplarisch die Kapiteleinteilung. Vgl. Bunia, Remigius: Die Stimme der Typographie. Überlegungen zu den Begriffen »Erzähler« und Paratext, angestoßen durch die Lebens-Ansichten des Katers Murr von E. T. A. Hoffmann. In: Poetica. Zeitschrift für die Sprach- und Literaturwissenschaft 37 (2005), S. 381 f. Daneben können Beispiele wie die zweifarbige Schriftgestaltung in Endes *Unendlicher Geschichte* oder die Text- und Bildelemente in den Marginalien von Larsens *Die Karte meiner Träume* angeführt werden.

93 Beispielsweise aktive und integrierte Auszeichnung von Wörtern und Textteilen. Vgl. Rautenberg: Das Buch in der Codexform, S. 298.

94 Zum Beispiel »Absätze und Absatzeinzüge [...], Initialen« sowie »Überschriften und Unterüberschriften«, darüber hinaus auch »nicht sprachlich gebundene« Gliederungsmittel: »Linien und Zierlinien [...], Vignetten und weitere symbolische Formen«. Siehe Rautenberg: Das Buch in der Codexform, S. 298.

»textinterne Makrostruktur [erschließen]« und visuell ›greifbar‹ machen. Zugleich wirkt in diesem Bereich die Typographie *um* den Text, die auch mit dem Begriff *Hypertext* gefasst werden kann.[95] Damit werden schrift- und sprachbasierte Verweiskonstrukte angesprochen, die dem Text einen Kontext beifügen, der sich wiederum auf diesen bezieht und den Text ›extern‹ strukturiert und abschließt.[96] Der Buchdruck prägte die typographische Gestaltung wesentlich vor und entwickelte insbesondere hinsichtlich der Textauszeichnungs- und Gliederungsmittel distinkte Merkmale gegenüber dem handschriftlichen Codex, in dem allerdings auch grundlegende Gestaltungskonzepte angelegt waren, die bis heute Anwendung finden.[97] Nachfolgende Druckmedien wie Zeitungen und Zeitschriften stützten sich auf die älteren Gestaltungskonzepte der Buchtypographie, sodass sich eine mediengrammatische Abgrenzung des Buches zu ihnen – verglichen mit dem handschriftlichen Codex – schwieriger gestaltet. Dennoch lässt sich der Versuch nachweisen, eine buchspezifische Schriftgestaltung zu fassen. Ein aktuelles Beispiel ist die von Willberg und Forssmann abgefasste *Lesetypografie*[98]. In Bezug auf narrative Texte wird hierin ein normatives typographisches Konzept für »Lineares Lesen« skizziert, in dem sich Schriftlichkeit in dienender Funktion und damit möglichst ›störungsfrei‹ präsentiert:

Typografische Mittel […] Unaufdringliche Schrift, Lese-Schriftgrade (ca. 8 bis 11 Punkt), enger Satz ohne ›Löcher‹, ca. 60 bis 70 Zeichen pro Zeile, 30 bis 40 Zeilen pro Seite. Ausgewogene Proportionen von Satzspiegel und Papierrand. […] Integrierte Auszeichnungen: kursiv für Betonungen, Zitate und ähnliches, Kapitälchen für Eigennamen.[99]

Marktfunktionale Paratexte im Bereich der Buchgrammatik umfassen mit typographischen Mitteln gestaltete Texte, die in erster Linie nicht Buchleser, sondern Buchkäufer (und -händler) werbend oder informierend adressieren

---

95   Vgl. Gross: Das Buch in der Hand, S. 183.

96   Beispiele hierfür sind Inhaltsverzeichnis (damit einhergehend die Paginierung) und Register. Vgl. Rautenberg: Das Buch in der Codexform, S. 299.

97   Vgl. ebd., S. 303, 312, 314 sowie 316.

98   Willberg, Hans Peter/Forssman, Friedrich: Lesetypografie. Mainz: Verlag Hermann Schmidt 2010.

99   Willberg/Forssman: Lesetypografie, S. 17. Auszeichnungen im Original. Abweichungen von dieser Norm finden sich vor allem dort, wo narrativ-funktionale Typographie auftritt.

und in keiner funktionalen Beziehung zum Buchtext stehen.[100] Solche Paratexte sind beispielsweise Waschzettel, Autorenportraits, Cover(gestaltung),
Impressen oder ISBN-Codes. Sie sind in hohem Maße kennzeichnend für
den gedruckten Codex, da derartige Paratexte sich erst als Reaktion auf die
Ausbildung des Buchhandelssystems (fußend auf der Erfindung des Buch-
drucks mit beweglichen Lettern) entwickelten.[101]

Mit dem *Peritext Buchapparat* werden die Analyse-Einheiten der Buchkonstitution komplettiert. Die Bezeichnung wurde in Ablehnung der
gängigen medienwissenschaftlichen Darstellung vom Buch als sekundärem
Medium gewählt, welche längst Einzug in buchwissenschaftliche Arbeiten
gehalten hat. Es ist demnach ein reiner Inhaltsträger, der – im Gegensatz zu
tertiären Medien wie Film und Rundfunk – ausschließlich produktionsseitig den Einsatz technischer Gerätschaften bedarf, nicht aber rezeptionsseitig.[102]
Eindeutig wurde in dieser Fassung nicht zwischen Text, Verschriftlichung
und Träger unterschieden; nur so ist die Reduktion von drei Einheiten auf
eine erklärbar. Extrahiert man den Buchkörper aus diesem Konglomerat,
so lässt sich durchaus von einer technischen Funktion desselben sprechen.
Funktion des Buchobjektes ist dann neben der ›Speicherung‹ – beziehungsweise ›Sendung‹ – des medialen Inhalts auch seine (möglichst störungsfreie)
Übertragung.[103] Darauf weisen insbesondere Diskussionen um die Buchästhetik hin, die die Funktionalität des Buchkörpers in Bezug auf Lesbarkeit
vielfach als Prämisse für gelungene Gestaltung deklarieren. Im Duden wird
der ›Apparat‹ vorgestellt als ein »aus mehreren Bauelementen zusammenge-
setztes technisches Gerät, das bestimmte Funktionen erfüllt«[104]. Der Buchkörper ist ein aus verschiedenen Elementen gefügtes Objekt (Buchblock,

---

100 Siehe zur marktrelevanten Dimension der Buchgestaltung sowie zur ›Umdeutung‹ buchkörperli-
      cher Elemente in marktfunktionale Paratexte Windgätter, Christof: Vom ›Blattwerk der Signifikanz‹
      oder: Auf dem Weg zu einer Epistemologie der Buchgestaltung. In: Wissen im Druck. Zur
      Epistemologie der modernen Buchgestaltung (Buchwissenschaftliche Beiträge 80).
      Hrsg. von dems. Wiesbaden: Harrassowitz 2010, S. 20–43.
101 Vgl. Rautenberg: Das Buch in der Codexform, S. 316.
102 Vgl. Kübler, Hans-Dieter: Mediale Kommunikation (Grundlagen der Medienkommunikation 9).
      Tübingen: Niemeyer 2000, S. 7.
103 Vgl. Kübler: Mediale Kommunikation, S. 21.
104 Apparat. In: Duden online. Startseite. Wörterbuch. URL: http://www.duden.de/rechtschreibung/
      Apparat [12.01.2017].

Einband, Vorsatzpapier usw.), das die Übertragungsfunktion erfüllt.[105] In einem aufschlussreichen Aufsatz Ernst Fischers wird auch seine Technizität deutlich, insbesondere mittels des Begriffs der »Kinetik«.[106] Allein das zur Rezeption notwendige Öffnen und Umblättern des Buches ist ein mechanischer Vorgang, der durch technische Konstituenten wie Bindung, Falzgelenk oder Papierstärke in handwerklicher oder maschineller Produktion ermöglicht wird.[107] Ein wesentlicher Unterschied zwischen den Medien Buch und beispielsweise Fernsehen liegt letztlich darin, dass jeder einzelne Text ein eigenes ›Empfangsgerät‹ in (vielfach vorliegender) Sonderanfertigung benötigt.[108] Ein apparativer Charakter in der Rezeption kann hiermit nicht geleugnet werden.

Basal betrachtet umfasst der Herstellungsprozess nach dem Druck zunächst das Falzen der Druckbögen (vorwiegend bestehend aus Werkdruckpapieren)[109] in Lagen und anschließend das Einstecken bzw. Zusammentragen dieser. Es folgt der Bindevorgang – typisch für die Buchherstellung sind vor allem Klebebindung und Fadenheftung –, dessen Ergebnis der Buchblock ist. Softcover (einteiliger Umschlag bei Taschen- und Paperbackbüchern) werden im Folgeschritt durch Ankleben direkt an die gebundene Fläche des Buchblocks angebracht. Dann schließt sich das Schneiden, die Anpassung des Buchblocks an den

---

105 Grundsätzlich ist zu unterscheiden zwischen funktional-notwendigen (Buchblock, Bindung, Einband u. a.) und schmückenden Buchbestandteilen (z. B. Lesebändchen), die buchästhetischen – auch narrativen, wie z. B. im Fall von Abrams' und Dorsts *Das Schiff des Theseus* – und/oder marktgerichteten Zwecken dienen. Heute als Buchschmuckelemente geltende Materialmittel wie falsche Bünde oder Kapitale sind Reminiszenzen an ehemals funktionstragende Komponenten, die jedoch durch technische Neuerungen in der Herstellung obsolet wurden. Schmückende Elemente realisieren sich auch häufig in der Verbindung von typographischer Gestaltung materieller Bestandteile (bedruckter Vorsatz), durch die Wahl spezifischer Materialausformungen (leinenüberzogener vs. papierüberzogener Einband) oder in Form einer Bearbeitung des verwendeten Materials (Lackieren von Papier oder Einbandmaterial, typographische Gestaltung des Einbandes durch druckfremde Mittel wie z. B. Prägung). Die Entscheidung über Buchausstattung findet stets in der Abwägung zwischen buchästhetischen und ökonomischen Faktoren statt.

106 Fischer, Ernst: Von der Schönheit des Buches. Elemente anspruchsvoller Buchgestaltung, am Beispiel der »Anderen Bibliothek«. In: Buch- und Provenienzforschung. Festschrift für Murray G. Hall zum 60. Geburtstag. Hrsg. von Gerhard Renner. Wien: Praesens-Verlag 2009, S. 80.

107 Vgl. ebd., S. 84. Es existieren darüber hinaus spezielle Produktionsvorgänge, die nicht auf die bloße Herstellung des Buchkörpers, sondern auf seine technische Funktionstüchtigkeit abzielen. Beispiele hierfür sind das Nuten bzw. Rillen von Papier und Einband oder das Abpressen des Buchblocks. Vgl. Johansson, Kaj/Lundberg, Peter/Ryberg, Robert: Printproduktion well done! 3. kompl. überarb. und erw. Aufl. Mainz: Verlag Hermann Schmidt 2008, S. 386 sowie 392. Die Wahl der technisch relevanten Materialien und die Implementierung funktionalitätssichernder Verarbeitungsschritte unterliegt ebenfalls ökonomischen Gesichtspunkten.

108 Vgl. Rautenberg/Wetzel: Buch, S. 43.

109 Vgl. Rautenberg: Das Buch in der Codexform, S. 285.

Einband, an. Dieser Vorgang erfolgt bei Hardcoverbüchern noch vor der Verbindung von Buchblock und Einband durch Ankleben des Vorsatzes. Der Hardcovereinband wird zuvor aus Kartonage und einem Überzugsmaterial (oder zweien, im Falle des Halbbandes) gefügt. Die Herstellungsprozesse sind vor allem im Hinblick auf Einstecken und Zusammentragen, Bindung und Anbringung des Einbandes in hohem Maße buchspezifisch.[110]

Die Einheit *Buchapparat* steht dem Pol der *Medientechnik* nahe, da der Buchkörper Inbegriff der Technizität des Buches ist. In der Verbindung mit Text und Buchgrammatik bildet er nach Stanitzek die ganzheitliche »Buchform« (in Abgrenzung zum »Buchmedium«):

> *Im Buchmedium stellen so heterogene Größen wie Schriftzeichen, Bilder, typographische Anordnungen, Papier, Deckel und Umschläge, Bindungen und vergleichbare Materialien die lose gekoppelten Medien dar. ›Die rigiden Kopplungen sind dann konkrete Zusammensetzungen von Papier, Buchdeckel etc., (…) Zeichen, Bildern und ähnlichem (…). Jedes Konkrete Buch ist eine Form im Medium Buch. […] Konstitutive Formen im Medium Buch sind Peritexte.‹ Im selektiven Zugriff auf sie wird die Buchform, werden die je unterschiedlichen Konkretisierungen als materiale Buchform möglich.[111]*

Im Folgenden ist die Beschreibung des Epitextes, des institutionellen und sozial-gesellschaftlichen Beiwerks des Buches, zu leisten, der sich über die Dimension der Buchorganisation (und in Zügen auch die der Medienquelle)[112] erstreckt und u. a. auch mit den ›selektiven Zugriffen auf Peritexte‹ in Verbindung steht.

2.2 Buchorganisation – zwischen Medientechnik und Mediengebrauch

Die *Mikroebene* dieser Sphäre bildet die *Buchbranche*. Sie umfasst (professionalisierte) Stätten (technischer) Produktion und Distribution des

---

110 Vgl. Johansson/Lundberg/Ryberg: Printproduktion well done, S. 377–393, insb. S. 384. Das Gebrauchsbuch wird seit dem 19. Jahrhundert in einem industriellen, automatisierten Kontext gefertigt und unterliegt daher in Aspekten wie beispielsweise dem Format zahlreichen Normierungen, von denen zwar abgewichen werden kann, allerdings nur unter Aufwendung höherer Geldbeträge. Vgl. Rautenberg: Das Buch in der Codexform, S. 289.

111 Stanitzek: Buch. Medium und Form, S. 186 f.

112 Genette führt beispielsweise Diskurse um die *Person* des Autors an, die paratextuelle Effekte erzielen können. Vgl. Genette: Paratexte, S. 329 f.

Materialobjektes Buch, die seine Existenz und Wirkmächtigkeit – in Kooperation mit dem Autor – erst begründen und die »arbeitsteilig und unter kommerziellen Bedingungen« tätig werden.[113] Darunter wird im Kern die Trias aus Verlag, Zwischenbuchhandel und Sortimentsbuchhandel verstanden, die um Verlagsdienstleister wie Druckereien, Buchbindereien, freischaffende Lektoren und Korrektoren zu erweitern ist. Auf der Ebene der Distribution haben sich mit der Etablierung des Onlinehandels neue Intermediäre herausgebildet, die die Ware Buch unter Umgehung des Sortimentsbuchhandels zwischen Verlag/Zwischenbuchhandel und Leser vermitteln. Zu ergänzen ist im Bereich des Vertriebs auch der Antiquariatsbuchhandel, der das Buch in einen zweiten ›Wertschöpfungskreislauf‹ implementiert. Auch hier haben sich durch den Onlinehandel neue Intermediäre etabliert; neben spezialisierten Antiquariaten nämlich Privatpersonen, die durch ihre bloße Vielzahl und gesteigerte Präsenz auf leicht handhabbaren Onlinemarktplätzen eine eigene Sparte laienhaften Antiquariatsbuchhandels ausbilden.

Auf der Ebene der Produktion sind neben den professionellen Verlagen Selfpublisher anzusiedeln, die unter Umgehung der klassischen Gatekeeper die Infrastrukturen der Buchbranche – Druckereien, Buchbindereien, freischaffende Lektoren und Korrektoren, diverse Distributionskanäle – mitbenutzen. Technische Fortschritte im Bereich des Digitaldrucks und durch das Internet vereinfachte Schnittstellen zu relevanten Branchenmitgliedern haben die Position von (nur in Ausnahmefällen professionalisierten) Selfpublishern gestärkt.

Auf der *Mesoebene* ist die *branchenfremde Institutionalisierung* zu lokalisieren. Sie bezeichnet zunächst *branchenfremde Stützsysteme* des Buches, die das überindividuelle, potenzielle Leistungsvermögen des Buches, begründet durch seine Medienspezifik, jenseits ökonomischer Zielsetzungen aktiv und gezielt verwerten. So ist das Buch imstande, über räumliche und zeitliche Grenzen hinweg geistig-immaterielle Inhalte zu fixieren, zu speichern und zu übertragen.[114] Zurückzuführen ist dies auf die Mobilität des Buchkörpers und die vorhergehende buchgrammatische Prozessualisierung eines Textes, dessen Erzeugnis im Gegensatz zum Objekt statischer Natur ist. Jederzeit und allerorts kann wiederholt auf den gleichbleibenden, visualisierten

---

113 Rautenberg/Wetzel: Buch, S. 8.
114 Ebd., S. 5.

Text zugegriffen werden.[115] Begrenzt wird das Potenzial nur durch die Verfassung der Materialien, von deren Intaktheit es entscheidend abhängt.[116] Darüber hinaus ist das Buch geeignet, Realitätskonstruktionen, nicht aber ›objektive‹ Realitäten, zu produzieren und zu übermitteln. Ein ›Weltgehalt‹ wird aufgegriffen, vom Kontext gelöst und in das fremdstrukturierte Sinnsystem des menschlichen Verstandes übersetzt, von wo aus es textualisiert und anschließend verschriftlicht wird.[117] Verwandt damit ist die Einwirkung des Textes und der Buchgrammatik auf die mentale Struktur des Menschen – durch »kognitiv-konstruktive Interaktion zwischen Textinformation und (Vor-)Wissen«.[118] Zuletzt ist das Buch durch den Publikationshergang, den Status als prinzipiell allgemein zugängliches Objekt und durch die Anwendung eines konsensbasierten Zeichensystems in der Lage, Öffentlichkeit herzustellen.[119] Seinem Leistungsvermögen nach ist das Buch ein Medium, woraus sich im Kern eine Kommunikationsfunktion ergibt, die zur Erreichung gesellschaftlicher Zielsetzungen genutzt wird.[120]

Verwendet wird das Buch aufgrund dieser Eigenschaften beispielsweise in Bibliotheken und Archiven, die eine zusätzliche »Speicherkonstruktion« um die Speicherleistung des Buches errichten.[121] Daneben wird die Funktion als Diskurs- und Anschlussmedium durch konkrete Einrichtungen wie Literaturhäuser oder Kommunikationsstrukturen wie der Literaturkritik gestärkt. Zugleich können Instanzen der Lesesozialisation unter dem Aspekt der Bildungs- und Welterfassungsfunktion des Buches in diese Ebene gefügt werden, die »die Entwicklung sowohl von kognitiven Kompetenzen im Umgang mit dem Medium Buch als auch von Lesemotivationen« initiieren.[122] Als abstraktere und begrifflich kaum greifbare überindividuelle Funktionen des Buches (und seiner Stützsysteme) werden überdies die Kategorien »Handlungsnormierung, Sozialisation und Identifikationsbildung« angenommen.[123]

Den *branchenfremden Stützsystemen* sind *politische Einflusssysteme* übergeordnet. Dazu zählen *staatliche Einrichtungen*, die mittels Gesetzgebung,

115　Vgl. Migon: Das Buch als Gegenstand wissenschaftlicher Forschung, S.14.
116　Vgl. Rautenberg/Wetzel: Buch, S.5.
117　Vgl. Franck: Das Buch. Eine aussterbende Spezies, S.161.
118　Rautenberg/Wetzel: Buch, S.7.
119　Vgl. ebd., S.47f.
120　Vgl. Migon: Das Buch als Gegenstand wissenschaftlicher Forschung, S.14.
121　Hickethier: Ist das Buch überhaupt ein Medium, S.54.
122　Bonfadelli: Buch, Buchlesen und Buchwissenschaft aus publizistikwissenschaftlicher Perspektive, S.102.
123　Rautenberg/Wetzel: Buch, S.50.

Rechtsprechung und Gesetzesvollzug sowie der Verfügung über öffentliche Geldmittel sowohl die Buchbranche als auch branchenfremde Stützsysteme formen. Sie sind imstande, das Buch und die Buchbranche durch Expansion staatlich finanzierter Einrichtungen wie Schulen und Bibliotheken zu befördern. Gleichzeitig wirken wirtschaftspolitische Begünstigungen wie die Buchpreisbindung stabilisierend. Zuletzt werden rechtliche Schutzräume für die Buchbranche, den Autor und die Stützsysteme geschaffen, dazu zählen aktuell und hierzulande Urheber- und Verlagsrecht und das Gesetz über die Deutsche Nationalbibliothek.[124] Gleichwohl verfügt der Staatsapparat über Mittel der Restriktion des Buch(handel)s. Im Kern handelt es sich dabei um formelle Zensurmaßnahmen, die in Deutschland in Form der Prohibitivzensur bzw. Nachzensur realisiert werden.[125] Relevant sind neben *staatlichen Einrichtungen* auch *politisch aktive Einrichtungen* wie z. B. Kirchen, NGOs oder – spezifischer – der Börsenverein. Auch diese sind insbesondere durch Subventionierung befähigt, branchenfremde Stützsysteme zu etablieren. Doch auch hier können restriktive Mechanismen gegenüber Buch und Buchhandel wirksam werden: »Zensur kann […] informell wirken, und zwar meistens als nicht greifbare Kontrollinstanz, die sozialen, wirtschaftlichen oder politischen Interessen unterliegt.«[126] Interessengeleitet sind Handlungen solcher Einrichtungen nicht nur hinsichtlich der informellen Zensur, sondern auch in Bezug auf Förderungsaspekte, die somit geringere Breitenwirkung entfalten als staatliche Eingriffe und weniger verbindlich sind als diese.

Die *Makroebene des Diskurses* ist am Pol des Mediengebrauchs zu verorten, da hier Erfahrungen und Beobachtungen der individuellen sowie der gesellschaftlichen Buchnutzung (branchenfremde Stützsysteme) zusammenfließen. In diversen Diskursströmungen (fachlich, wissenschaftlich, kultur- und gesellschaftspolitisch etc.) werden vor dem Hintergrund definierter Normen und Werte Evaluationen des Buches in allen Dimensio-

---

124 Vgl. ebd., S. 89 f.

125 Die Prohibitivzensur spricht das zugrunde gelegte Verfahren des Rechtssystems an. Sie »[kontrolliert] ein bereits erschienenes Werk und [duldet] zunächst die Veröffentlichung […], [behält] sich aber ein prinzipielles Verbot vor.« Der Begriff der Nachzensur bezieht sich auf den Zeitpunkt der Überprüfung: »Im Falle der Nachzensur findet die Überprüfung nach bereits erfolgter Veröffentlichung etwa aufgrund einer Anzeige [z. B. aufgrund einer Verletzung der im Grundgesetz zugesicherten Schutzrechte etc.] statt und kann zum Verbot und zur Beschlagnahmung der Auflage sowie zur Verhängung von Sanktionen gegen den Autor und/oder Verleger führen.« Siehe Plachta, Bodo: Zensur (Reclams Universal-Bibliothek 17660). Stuttgart: Reclam 2006, S. 21 f. Auch Indizierungsverfahren der Bundesprüfstelle für jugendgefährdende Medien auf Basis des Jugendschutzgesetzes sind in diesem Kontext zu fassen.

126 Plachta: Zensur, S. 19.

nen vorgenommen. Dieser Buchdiskurs wird nicht in einem hermetisch abgeriegelten, autarken Universum geführt, sondern insbesondere im Hinblick auf Medienkonkurrenz und -konvergenz, aber auch in darüber hinausgehenden Kontexten. Er ist dabei oft selbst medial vermittelt. Diskurse münden vielfach in gesellschaftliche Zielsetzungen, Handlungsempfehlungen, die auf die Verwirklichung dieser Zielsetzungen ausgerichtet sind, sowie in (mitunter diffuse) Wertzuschreibungen, die ihrerseits wieder Einfluss auf Vorstellungen über die Leistungsfähigkeit und Funktionalität des Buches nehmen. Vor allem das Buch ist aufgrund seiner langen Tradition in sozialer Hinsicht semantisch aufgeladen.[127] Grundsätzlich liegen positive und negative Wertzuschreibungen vor, wenn auch vor dem Hintergrund der neuen Medien eine generelle Präferenz des Buches als ›Kulturgut‹ vorherrscht, die allerdings nicht immer mit äquivalentem (v.a. individuellen) Buchnutzungsverhalten verbunden ist.[128] Die gerade in den Medienwissenschaften kolportierte Behauptung einer ›konfliktfreien‹ Beziehung zwischen Gesellschaft und dem Medium Buch dokumentiert eine naive Sicht auf dieses Medium und lässt Phänomene wie immer wieder aufflammende Schmutz- und Schund-Debatten oder zensorische Maßnahmen unberücksichtigt.[129] Diskurse als Mittel zur Konsensbildung wenden letztlich zwangsläufig verkürzte und unterkomplexe Perspektiven auf den Betrachtungsgegenstand an, um Ergebnisse zu erhalten. Wertzuschreibungen und Ergebnisorientierung verstellen somit bisweilen den Blick auf das Buch als Gegenstand wissenschaftlicher Betrachtung, gestalten aber auch in erheblichem Maße den Epitext des Buches und üben damit auch Einfluss auf Buchkonstitution und Buchnutzung[130] aus.

2.3 Buchnutzung – zwischen Medialität und Mediengebrauch

Vielfach werden Leistung, Funktion und Wirkung in der Fachliteratur synonym verwendet, sodass eine generelle Unschärfe in durchgeführten Untersuchungen kaum vermeidbar ist. An dieser Stelle sollen die

---

127 Tradiert werden beispielsweise bis heute – wenn auch nicht immer explizit, so doch im Rahmen eines kulturellen ›Unterbewusstseins‹ – der sakrale Konnex zu den christlichen Kirchen, oder der ideologische Bildungsanspruch der Aufklärung. Vgl. Rautenberg: Das Buch in der Alltagskultur, S. 13.
128 Vgl. Schön: Buchnutzungsforschung, S. 128.
129 Exemplarisch Kübler: Mediale Kommunikation, S. 21.
130 Hier insbesondere mit ›Vorgaben‹ und Vorstellungen darüber, was, in welcher Art und zu welchem Zweck von Individuen rezipiert werden soll.

Begrifflichkeiten klar differenziert werden, um die Dimension Buchnutzung zu gliedern und zu präzisieren.

Die *Makroebene der Wirkung* wird – zunächst knapp – gefasst als die den Leseprozess präkonfigurierende Erwartungshaltung bzw. als Zuschreibung an die Funktion der bevorstehenden Buchlektüre. Sie steht in engem Zusammenhang mit der *Makroebene des Diskurses* und strukturiert die *Mikroebene der Leistung*, den Leseprozess, maßgeblich vor und wird deshalb am *Pol des Mediengebrauchs* angesiedelt. Der Leseprozess wird am *Pol der Medialität* verortet, da der Rezipient in dessen Zuge unmittelbar mit dem Medium interagiert und sich das mediale Potenzial des Buches in dieser Interaktion erst entfaltet. Die Mikroebene mündet schließlich in die *Mesoebene der Funktion*, der Bewertung bzw. Nutzung des Leseprozesses nach Maßgabe des intendierten Ergebnisses.[131]

Die Ebene der *Wirkung* setzt sich also durch Vorstellungen über die Funktionen und Leistungen der Buchlektüre zusammen, die diskursiv von einer Gemeinschaft an ein Individuum vermittelt werden, und dieses befähigen sollen, soziale, überindividuelle Zielsetzungen zu erreichen – nach Schneider auch dann, wenn der individuelle Leser annimmt, eine rein auf sich selbst gerichtete Bedürfnisbefriedigung anzustreben.[132] Der Bereich der Wirkung wird vielfach auch als ›Rezeptionsmotivation‹ umschrieben, tatsächlich aber greift diese Betrachtungsweise zu kurz. Der oben gebrauchte Begriff der Präkonfiguration ist anhand des Konzeptes der *Rezeptionsmodalitäten* exakter zu fassen. Suckfüll wendet dabei ›Modalitäten‹ in Abgrenzung zur häufig gebrauchten ›Strategie‹ an, die »ein wohlüberlegtes, auf ein bestimmtes Ziel gerichtetes Handeln impliziert«, welches jedoch nicht mit den »eher automatisiert ablaufen[den] [...] kognitiven und emotionalen Prozesse[n] während der Rezeption« in Einklang zu bringen ist.[133] Graf definiert Lesemodi »als in der literarischen Sozialisation erworbene Handlungsdispositionen, die spezifische Rezeptionsweisen ermöglichen, um Texte subjektbezogen zu nutzen«.[134] Demzufolge sind nicht nur Erwartungshorizonte der Buchlektüre

---

131 Problematiken, die sich aus dieser ›Kreislauf-Perspektive‹ ergeben, sind an späterer Stelle dieses Kapitels unter Berücksichtigung des Uses-and-Gratifications-Ansatzes noch zu erörtern.

132 Vgl. Schneider, Ute: »Wozu lesen?« Persistente Funktionen des Lesens im sozialen Kontext. In: Internationales Archiv für die Sozialgeschichte der Literatur 39 (2014) 1. DOI: 10.1515/iasl-2014-0016 [09.10.2016], S. 269 f. sowie 273.

133 Suckfüll, Monika: Rezeptionsmodalitäten. In: Medienpsychologie. Schlüsselbegriffe und Konzepte, S. 126.

134 Graf: Der Sinn des Lesens, S. 120.

sozial vermittelt, sondern auch die basalen Werkzeuge zur Fassung dieser Horizonte. Nach Schön variieren beide Faktoren abhängig vom zeitgenössischen und kulturellen Hintergrund.[135] Es ist allerdings darauf hinzuweisen, dass nicht jeder der dem Rezipienten vermittelten Wert- und Wirkungszuschreibungen zwangsläufig eine gemäße Rezeptionsmodalität zur Realisierung bereitgestellt ist. Neben die Betrachtung der idealtypischen Lesesozialisation eines Kulturraums zu einer bestimmten Zeit muss also auch die Betrachtung der individuellen Lesebiographie einer Person treten.[136] Für die aktuelle Situation in Deutschland beschreibt Graf, nach Art ihres Zugriffs auf den Text, sieben ›reinförmige‹ Lesemodi.[137]

Auf der *Mikroebene der Leistung*, in der Anwendung also, existieren ›Reinformen‹ der Lesemodi nicht, »beobachtet werden besonders auch Übergänge von einem Modus in einen anderen, zum Teil bei einem Text«.[138] Gross spricht von einer Abstimmung der Parameter, »die in ganz unterschiedlicher Form kombiniert werden können«.[139] Als Parameter, die den praktizierten Lesemodi zugrunde liegen, benennt sie beispielsweise »Inhalt/Textsorte [...] Lektüre-Interesse und Motivierung [...], Art der Inhaltsverarbeitung/ Informationsaufnahme [...] mediale Darbietung und Form des Texts [...] [sowie] Wahl oder Schaffung der Lesesituation und -atmosphäre«.[140] Während Graf von einer Unabhängigkeit der Lesemodi gegenüber der vorliegenden Textsorte ausgeht, hebt Suckfüll »den dynamischen Charakter des Rezeptionsprozesses, die Wechselbezüglichkeit zwischen Medien- und Rezipientenmerkmalen« hervor.[141] An die Betrachtung Grafs ist die Kritik einer zu rigiden Anwendung der Nutzungsperspektive zu richten. Zwar besitzen Leser die Möglichkeit, Texte in eigensinniger Form zu rezipieren[142], aber von einer grundlegenden Dominanz des Lesers über den Text zu sprechen, ließe außer Acht, dass auch Texte und Buchmaterialität (die im Hinblick auf Rezeptionsmodalität nur von Gross berücksichtigt wird) intentional geformt

---

135 Vgl. Schön: Buchnutzungsforschung, S. 126.

136 Zum Beispiel ist es einem Leser, der ausschließlich zu Bildungszwecken liest, bekannt, dass andere Personen auch lesen, um sich zu unterhalten. Er hat allerdings (noch) keine Rezeptionsmodalität entwickelt, die ihm die unterhaltende Lektüre erschließt und erstrebenswert macht.

137 Extrinsisch motiviert das *instrumentelle* Lesen, intrinsisch motiviert *intimes* Lesen, *partizipatorisches* Lesen mit den zu unterscheidenden Schwerpunkten Kommunikation, Transfer und Bildung, *Konzeptlesen* sowie *ästhetisches* Lesen. Vgl. Graf: Der Sinn des Lesens, S. 121–125.

138 Ebd., S. 120.

139 Gross: Das Buch in der Hand, S. 177.

140 Ebd., S. 176.

141 Vgl. Graf: Der Sinn des Lesens, S. 126. Sowie Suckfüll: Rezeptionsmodalitäten, S. 127.

142 Vgl. Graf: Der Sinn des Lebens, S. 120.

sind und damit über eigene Durchsetzungsmechanismen verfügen. Stimmig scheint es jedoch, wenn Graf postuliert, dass die Disposition des Lesers, seine »spezifische Wahrnehmungsstruktur«, die »Text-Leser-Interaktion organisiert« und damit die »Wirkmöglichkeit von Texten freisetzt«.[143] Präziser fasst dies Suckfüll:

Das Wirkpotenzial eines bestimmten Medienmerkmals wird nicht a priori angenommen, sondern dessen Potenzial entfaltet sich erst, wenn es mit Rezeptionsmodalitäten zusammentrifft, die diesem Rezipienten zur Verfügung stehen.[144]

Auf der Ebene der Leistung findet letztlich eine Passung zwischen Text und Leser statt.

Das Konzept der Rezeptionsmodalitäten verwendet implizit Aspekte des *Uses-and-Gratifications-Ansatzes*, der sowohl in Medienwirkungs- als auch Mediennutzungsforschung Anwendung findet. Zu scheiden sind die beiden Forschungsperspektiven insbesondere hinsichtlich der Rolle des »aktiven Publikums«, womit im Nutzenansatz traditionell »Eigeninitiative und Zielstrebigkeit« gefasst werden und darüber hinaus die Fähigkeit, die eigenen Interessen und Motive im Umfeld der Medienrezeption erfassen und kommunizieren zu können.[145] Einer derart vollumfänglichen Bewusstseinsbildung im Rezeptionsprozess erteilen Suckfüll (s. o.) und Graf eine Absage.[146]

Gemein ist beiden Ansätzen allerdings die Annahme einer zirkulären Kopplung von Erwartungshaltung, welche den Rezeptionsprozess steuert, die folgende Auswertung des Nutzens und die abschließende Stabilisierung der initialen Zuschreibung.[147] Während Graf in diesem Zirkel ausschließlich dem Rezipienten Performanz zuschreibt, integriert Suckfüll das Medium zumindest grundsätzlich in einer aktiven Rolle (s. o.). Beide stützen sich allerdings auf Vorgaben der überholten Auffassung des

---

143 Graf: Der Sinn des Lebens, S.126. Wie in einer Diskussion über die Anwendung des Uses-and-Gratifications-Ansatzes zu zeigen sein wird allerdings aufgrund der Wirkmächtigkeit von Buchmedien in einer weniger geradlinigen Weise als Graf dies vorstellt.

144 Suckfüll: Rezeptionsmodalitäten, S.128.

145 Schenk, Michael: Medienwirkungsforschung. 3. vollst. überarb. Aufl. Tübingen: Mohr Siebeck 2007, S.685.

146 Vgl. Graf: Der Sinn des Lesens, S.128.

147 Vgl. Schenk: Medienwirkungsforschung, S.686. ebenso Suckfüll: Rezeptionsmodalitäten, S.127. Sowie Graf: Der Sinn des Lesens, S.126.

Uses-and-Gratifications-Ansatzes der 1940er Jahre, die stillschweigend von einer stets perfekten Passung zwischen Text(medium) und Leser ausgeht.[148]

Aktualisierungen des Nutzenansatzes aus den 80er Jahren erlauben hingegen mithilfe der Begrifflichkeiten *gesuchte Gratifikationen* (*gratifications sought*, GS) und *gefundene Gratifikationen* (*gratifications obtained*, GO) die Abbildung eines nicht gelingenden Passungsprozesses, der in Anwendung auf den eingangs dargestellten Kreislauf auch auf die Möglichkeit verweist, dass gegebenenfalls keine Funktionalisierung des Textes erzielt wird und damit keine Stabilisierung der diskursiv vermittelten Wert- und Wirkungszuschreibung erfolgt.[149]

In jüngerer Zeit wurde die Erweiterung des Nutzen- und Belohnungsansatzes durch ein *Sozial-Kognitives Modell* der Mediennutzung angeregt, die auf der Annahme einer *prospektiven Gratifikation* des Rezipienten basiert, die im Gegensatz zur *gesuchten Gratifikation* keine extern vermittelte, statische Größe darstellt, sondern »sich durch direkte Erfahrung oder stellvertretende Erfahrung durch Beobachtung anderer [speist]«, was letztlich bedeutet, dass das Individuum sie modifizieren kann.[150]

Angewendet auf die Dimension der Buchnutzung heißt dies, dass neben eine zirkulär-stabilisierende bzw. unterbrochene Beziehung der Ebenen eine zirkulär-modifizierende treten kann: Leser können sich (mitunter durch dominante Performanz des Buchmediums) Funktionen und damit Wirkungszuschreibungen eigenhändig erschließen, wenn der Leseprozess trotz drohender Nicht-Passung aufrechterhalten wird. Daraus folgt, dass Leser nicht nur imstande sind Buchfunktionen anzuvisieren, die sich jenseits gesellschaftlicher Zielsetzungen bewegen – werden solche individuellen Wertzuschreibungen in die Makroebene des *Diskurses* eingeleitet, gehen sie möglicherweise in den ›Kanon‹ der Wirkungszuschreibungen ein, werden dort normiert und abermals diskursiv an Individuen vermittelt.

---

148 Vgl. Aelker, Lisa: Uses-and-Gratifications-Ansatz. In: Medienpsychologie. Schlüsselbegriffe und Konzepte, S. 18.
149 Vgl. ebd., S. 18.
150 Schenk: Medienwirkungsforschung, S. 695.

3 DAS BUCH ALS HETEROTOPIE

Das Konzept der *Medienrealität* verweist auf die Fähigkeit von Medien, den Menschen aufgrund ihrer Kommunikationsleistung Räume der ›realen Welt‹ zu erschließen, die nicht erster Hand erfahren werden können. Mit ›Räumen‹ werden dabei sowohl sozial-gesellschaftliche Konfigurationen in spezifischen geographischen Lagen als auch Orte bezeichnet. Als Erfahrung zweiter Ordnung geht Medienrealität in die Vorstellung des Individuums über ›die Welt‹ ein, wodurch auch die Wahrnehmungen erster Ordnung rekursiv beeinflusst werden. Medien kontinuieren und erweitern so den Raum, der sie selbst hervorbringt und in dem Menschen (all)täglich leben.[151] Hierbei konkurriert die Medienrealität allerdings mit einer durch das Individuum unmittelbar erfassten sozialen Realität, mit der sie in Wechselbeziehung steht.[152]

Mit der Erzeugung einer Medienrealität erschöpft sich die Schaffenskraft von Medien allerdings nicht: Sie konstituieren auch *virtuelle Realitäten* auf der Basis von Narrativen. Narrative stehen durch Anwendung dreier Verfahrensweisen in Beziehung zu Medienrealität und sozialer Realität: Anlehnung, Typisierung und Verfremdung. Im Zuge der Anlehnung werden u. a. Motive, Handlungen (sowie Handlungslogik), Orte und Charaktere aus der Wirklichkeit geschöpft. Typisierung beschreibt eine Komplexitätsreduktion dieser Elemente und ihrer Interferenzen. Der Narrativ ist sui generis eine Verfremdung der in der Anlehnung referierten Realität; der Effekt kann jedoch

151 Vgl. Bülow, Bianka: Gesellschaft, Medien und Umwelt. Der Einfluss der Massenmedien auf die Entstehung des ökologischen Bewusstseins in Deutschland. Hamburg: Diplomica 2012, S. 40–43.

152 Vgl. Kleiner, Marcus S.: Medien-Heterotopien. Diskursräume einer gesellschaftskritischen Medientheorie (Cultural Studies 22). Diss. phil. Universität Duisburg-Essen 2006. Bielefeld: Transcript 2006, S. 63.

durch aktiv verfolgte Strategien, beispielsweise durch gezielt ungewöhnliche Kombination der Elemente (Fiktionalität), verstärkt werden.[153]

Neben der Narration ist eine zweite notwendige Bedingung für die Etablierung einer virtuellen Realität zu erfüllen: ihre technische Übersetzung in ›materielle‹ Zeichen und deren Fixierung auf Trägermaterial, sprich ihre Prägung in sekundäre und tertiäre Medien. Bloße Narration kann auch Gegenstand interpersoneller Kommunikation sein, die – vermittelt durch das ›primäre Medium‹ der gesprochenen Sprache – Medienrealität darstellt, die im zwischenmenschlichen Austausch wiederum zur sozialen Realität ausgeformt und damit Gegenstand erlebter Wirklichkeit wird. Der fixierte Narrativ hingegen löst sich im Moment seiner Materialisierung von sozialer und Medienrealität, die ihn hervorgebracht haben, und während er in der Momentaufnahme verharrt, entwickeln sie sich weiter, was letztlich einen Bruch des unmittelbaren Konnexes bedeutet. In diesem Augenblick gewinnt der gebundene Narrativ Eigenweltlichkeit.

Aus dieser Perspektive erfüllt das Buch bereits zwei der drei Merkmale der Heterotopie: Es ist ein materiell definierbarer Raum, in dem der soziale Prozess der ›eigenweltlichen‹ Erzählung als beabsichtigtes Erlebnisangebot eingeschlossen ist. Demnach besitzt es heterotopes Potenzial, das sich allerdings erst im Erlebnis des Rezipienten erfüllt.

3.1 Der Andersraum

Die Schaffung und Vermittlung eines virtuellen Raums wird in der medientheoretischen Betrachtung üblicherweise audiovisuellen Medien zugeschrieben. Der Begriff findet insbesondere im Umgang mit medialen Präsentationsformen wie Computern oder Videospielkonsolen Anwendung und bezeichnet die Ansprache mehrerer Sinne durch die spezifische Medialität und daraus resultierend die multisensorische Wahrnehmung. Gleichzeitig wird die Handlungsmächtigkeit des Rezipienten hervorgehoben, die sich im durch die multisensorische Wahrnehmung aufgespannten Raumgefüge entfaltet. Der Rezipient ist dann eben nicht nur in der Lage zu rezipieren, sondern zu interagieren und persönlich mit der artifiziellen Welt in Kontakt zu treten.[154] Diesem ›klassischen‹ (im 20. Jahrhundert geprägten) extern induzierten virtuellen Raum, der eine (angebliche) Sogwirkung auf den Rezipienten ausübt, muss ein ungleich älterer, internaler virtueller Raum

---

153 Vgl. Kleiner, Marcus S.: Medien-Heterotopien, S. 64.
154 Vgl. Schweiger: Theorien der Mediennutzung, S. 212.

(des Buches) gegenübergestellt werden. Dieser bildet sich durch die Inkorporierung von Medialität und Medium in kognitiver und körperlicher Hinsicht aus und wird dabei ebenso multisensorisch und interaktiv wirksam wie das ›moderne‹ Pendant. Anders ausgedrückt: Virtuelle Räume entstehen nicht allein dadurch – wie gemeinhin angenommen –, dass Rezipienten sich auf von außen kommende audiovisuelle Reize einlassen und diese durch geistige Eigenleistung zum Erlebnis machen. Noch bevor dies technisch möglich war, konnten Leser bereits durch Text- und Bucheigenschaften sinnlich erlebbare virtuelle Räume ›in ihren Köpfen‹ schaffen und sich darin bewegen. Die kognitiven und körperlichen Prozesse, die dem spezifischen Erleben des Buchraumes zugrunde liegen, sind Gegenstand der folgenden Kapitel.

3.1.1 Erfahren des Andersraums: Narratives Verstehen

Das Konzept des *narrativen Verstehens* befasst sich mit der Konstitution kognitiver Situationsmodelle im Zuge der Lektüre. Der Ansatz ist ursprünglich in der Leseforschung beheimatet, wo er generell aktive Verstehens- und Konstruktionsprozesse des Lesers im Hinblick auf die Makroebene des Textes zum Gegenstand hat. Vor dem Hintergrund der angenommenen ›Textualität‹ von AV-Medien wurde diese Verbindung zumindest gelockert.[155]

Nach gängigen Auffassungen tragen zum einen der Text und zum anderen die kognitive Disposition des Rezipienten in Gestalt von Schemata – kategorisiert als *generelles Weltwissen, narratives Wissen* und *Wissen um literarische Darbietungsformen* – zur Bildung des Situationsmodells bei (siehe Abbildung 2).

Generelles Weltwissen umfasst die vom Rezipienten inkorporierten Elemente von sozialer und Medienrealität, die Glaser in Auszügen mit dem Begriff der »Alltags-Scripts« fasst. *Narratives Wissen* referiert auf medienunspezifische »typische Plots, Protagonistenrollen, Handlungssettings und Handlungssequenzen typischer Genres«.[156] Damit stellt Narratives Wissen im Grunde ein Konglomerat aus vernetzten Situationsmodellen von bereits erfolgter Mediennutzung dar. Das *Wissen um literarische Darstellungsformen* umfasst zunächst für die Lektüre notwendige Bedingungen wie Lesekompetenz und Kenntnis von Grammatikregeln, aber auch die

---

155 Glaser, Manuela: Narratives Verstehen. In: Medienpsychologie. Schlüsselbegriffe und Konzepte, S. 131.

156 Ebd., S. 133. Die Ausführungen Glasers beziehen sich in der Ausführung der Schemata auf die kognitive Verarbeitung von Filmen und werden hier auf die kognitive Verarbeitung des Buches ›zurückbezogen‹.

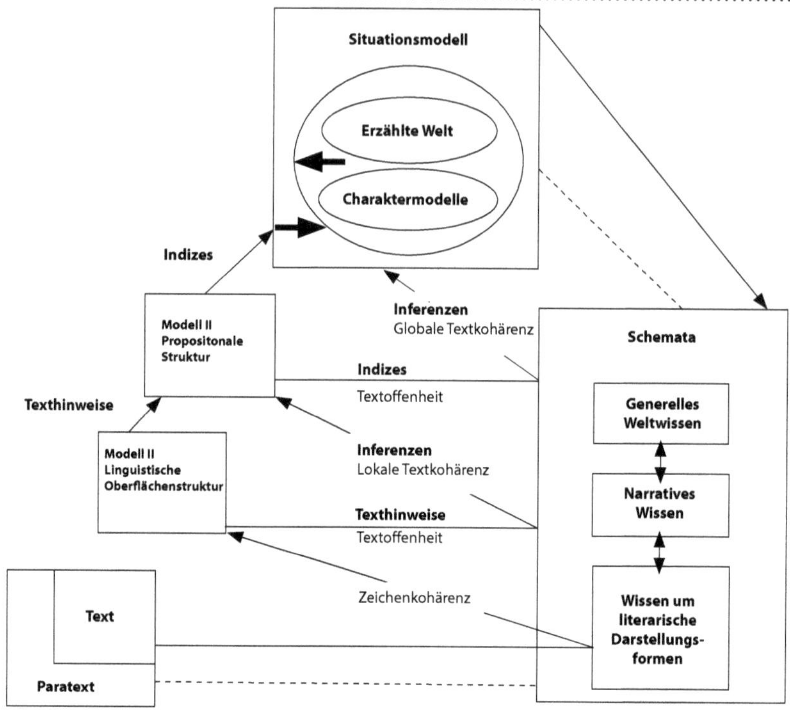

Abbildung 2. Prozesse narrativen Verstehens.
Eigene Darstellung nach Glaser (2016), S. 133, sowie Busselle/Bilandzic (2008),
S. 272, außerdem Christmann (2015), S. 169–180.

dem Rezipienten zugänglichen Wirkungszuschreibungen und Rezeptionsmodalitäten.[157]

Im Leseprozess wird das Situationsmodell auf Basis zweier weiterer
kognitiver Modelle errichtet: In einem ersten Schritt wird die linguistische
Oberflächenstruktur, der Wortlaut des Textes, erfasst.[158] Dieses Modell
erzeugt der Leser auf der Basis des *Wissens um literarische Darstellungsformen.*
Es folgt der Aufbau eines propositionalen Modells des Textes, das die lokale

---

157 Vgl. ebd., S. 132 f. Sowie Christmann: Lesen als Sinnkonstruktion, S. 170.
158 Vertiefend hierzu Brem, Silvia/Maurer, Urs: Lesen als neurobiologischer Prozess. In: Lesen. Ein inter-
     disziplinäres Handbuch, S. 117–140.

Textkohärenz abbildet.[159] Dies erfolgt mithilfe von Hinweisen, die der Text implizit oder explizit erteilt, insbesondere durch

Koreferenz [...] (z. B. durch Wortwiederholungen, pronominale Wieder-aufnahmen, Rückverweise, Vorverweise [...]), [...] kausale, temporale, adversative und additive Konnektiva [sowie] Relationen zwischen Konzepten.[160]

Die Verwendbarkeit derartiger Hinweise wird allerdings durch die grundsätzliche *Textoffenheit* beschränkt. Texte sind nie in der Lage, eigenständig vollumfängliche Kohärenz zu erzeugen. Sie sind durchsetzt von ›Leerstellen‹, die der Leser unter Einbezug der ihm verfügbaren Schemata schließen muss.[161] Schlussfolgerungen, die Leser aus der Verbindung von Texthinweisen und Schemata ziehen, werden als *Inferenzen* bezeichnet.[162] Durch ihre Einbeziehung schaffen Leser ein individuelles, da angereichertes, kognitives Modell des Textes und werden damit gewissermaßen zu Koautoren.[163]

Inferenzen prägen sich in verschiedenen Typen aus, die nach Christmann in drei »globale Gruppen« gefasst werden können:

(1) logisch zwingende, enge Inferenzen, die [...] auf logischen Implikationen beruhen und weitgehend automatisch ablaufen; (2)

---

159 Vertiefend hierzu Bader, Markus: Leseverstehen und Sprachverarbeitung. In: Lesen. Ein interdisziplinäres Handbuch, S. 141–168.

160 Vgl. Christmann: Lesen als Sinnkonstruktion, S. 172.

161 Vgl. Pette: Psychologie des Romanlesens, S. 28.

162 Vgl. Christmann: Lesen als Sinnkonstruktion, S. 172 f. Bereits in der lokalkohärenten Erfassung des Textes ist also eine intensive Interaktivität zwischen Text und Leser angelegt. Es wird damit deutlich, dass der Begriff der Interaktivität, angewendet auf die motorische Wechselwirkung zwischen Mediennutzer und Tastatur, Gamepad etc. zu kurz greift – zu berücksichtigen ist grundlegender auch kognitive Interaktion. Das Buchlesen umfasst jedoch auch die motorische Dimension der Interaktion: Ohne das Aufschlagen und Umblättern der Seiten findet keine prozessuale Entwicklung des Situationsmodells statt. Am begrenzten Set motorischer Handlungsmöglichkeiten scheitert die Interaktivität des Buches jedoch nicht, letztendlich ist der Zugriff auf Tasten und Gamepads ebenfalls gleichförmig: Es läuft im Kern auf Tastenanschlag und Knopfdruck, in ›komplexeren‹ Fällen auf die Betätigung eines Schiebereglers oder das Umlegen eines Schalters hinaus.

163 Busselle/Bilandzic: A Model of Narrative Comprehension, S. 257. Da die zugrundeliegenden Schemata im Laufe des Lebens Wandlungsprozessen unterliegen, ist dieser Text eine nur auf den Zeitpunkt der aktuell vollzogenen Lektüre bezogene Variante. Die vorausgegangene oder nachfolgend wiederholte Lektüre führt folglich zu anderen Versionen des Lesertextes – ein Phänomen, das mit dem Begriff *Polyvalenz-Konvention* gefasst wird. Vgl. Pette: Psychologie des Romanlesens, S. 27.

*Brücken-Inferenzen, die Einzelinformationen [auf lokaler Textebene]
verbinden [...]; (3) elaborative Inferenzen, die den Textsinn explizit mit
dem bereits verfügbaren (Vor-)Wissen verbinden (z. B. Erklärungen,
[...] Hypothesen, Erwartungen [...]).*[164]

Auf der Ebene der lokalen Kohärenzschaffung sind vorwiegend Typen
der ersten und zweiten Gruppe zu erwarten, wenn auch nicht ausschließlich. Grundsätzlich gilt, dass sich die Inferenztätigkeit in Abhängigkeit von
Wirkungszuschreibung und Rezeptionsmodalität sowie den Merkmalen des
Textes variabel verhält. Es wird vermutet, dass elaborative Inferenzen sowohl
›online‹, im Zuge des Leseprozesses, als auch ›offline‹ gebildet werden.[165]

Die Etablierung des Situationsmodells aus dem propositionalen Modell
schließlich fußt auf der Eigenschaft des Textes, sogenannte *event indizes* (vergleichbar den o. g. Hinweisen) explizit oder implizit bereitzustellen. Das
Event-Indexing-Modell unterscheidet für narrative Texte fünf Informationsdimensionen:

*(1) Raum (z. B. Lokationen), (2) Zeit (Abfolge von Ereignissen, Dauer
von Ereignissen), (3) Kausalität, (4) Protagonisten (z. B. Handlungen
der Charaktere) und (5) Intentionalität/Motivation (z. B. Ziele der
Charaktere).*[166]

Auch und vor allem auf dieser Ebene der globalen Kohärenzherstellung begegnet dem Rezipienten Textoffenheit, werden also Inferenzen
gebildet. Vier Typen, die der Gruppe der elaborativen Schlussfolgerungen
zugerechnet werden, sind für das Verständnis narrativer Texte von besonderer Bedeutung:

*Inferenz kausaler Konsequenzen (Vorhersage künftiger Ereignisse),
Inferenzen zu Akteuren (Zielen, Handlungen, Motiven), Interferenzen
von Zuständen (Überzeugungen literarischer Figuren) und thematische
Inferenzen (z. B. Textdeutung, Emotion).*[167]

---

164 Christmann: Lesen als Sinnkonstruktion, S. 174.
165 Vgl. ebd., S. 175 sowie 177.
166 Ebd., S. 178.
167 Ebd., S. 176.

Der Weg zum Situationsmodell verläuft zweistufig – von der Zeichenerfassung über den Aufbau der lokalen Textstruktur (beides prozessuale Strukturen, die nicht dauerhaft gespeichert werden) – und ist in beiden Übergängen von einer Komplexitätsreduktion gekennzeichnet, da komplexe Zeichenfolgen durch ›bündige‹ Inferenzen ersetzt werden.[168] Im letzten Schritt erfolgt die vollständige Konversion der sprachlich-symbolischen Textrepräsentationen in ein übersprachliches Konzept der narrativen Handlung, das im Langzeitgedächtnis gespeichert wird und so für zeitlich versetzte Zugriffe zur Aktualisierung im Leseprozess zugänglich bleibt.[169] Untersuchungen weisen darauf hin, dass vor allem solche Informationsdimensionen im Situationsmodell stark gewichtet und aktualisiert werden, die einen Bezug zu Charakteren oder Zeit-Handlungs-Verläufen haben. Räumliche Information wird sekundär – intensiv vor allem im Verbund mit vorgenannten Faktoren – integriert.[170] Es bleibt zu betonen, dass die Stufen der Kohärenzbildung nicht tatsächlich in sukzessiver Folge erreicht werden. Vielmehr ist von parallel verlaufenden und interdependenten Vorgängen auszugehen.

Busselle und Bilandzic fassen das Situationsmodell in einem Bild als Mechanismus, der, fortschreitend mit dem Narrativ, Informationen aufnimmt und strukturiert. Vor ihm liegen zu integrierende und organisierende Elemente des Narrativs, hinter ihm ein festgefügtes ›Gleis‹, bestehend aus den zusammenhängenden und logisch strukturierten Informationen der bis dahin erfassten Erzählung. Innerhalb des Mechanismus – im gegenwärtig rezipierten Narrativ – werden die aktuell eingehenden Informationen mit jenen verknüpft, die das Gleis bilden. Auf diese Weise werden auch Lücken geschlossen oder Korrekturen vorgenommen, die narrativen Strategien wie dem Spannungsaufbau geschuldet sind.[171] Ist der ›Zug‹ schließlich am Ende der Strecke angekommen, wird das Modell in die präexistierenden Schemata gefügt.

Die Autoren differenzieren diesen beweglichen Teil des Situationsmodells von den – nach ihrer Konstitution – vergleichsweise stabilen Einheiten *erzählte Welt* und *Charaktermodelle,* die das strukturierende Wirken des Mechanismus organisieren. Sie gehen davon aus, dass der Mechanismus sich erst dann in Bewegung setzt, wenn diese Einheiten etabliert wurden.[172]

---

168 Vgl. ebd., S. 177.
169 Vgl. Glaser: Narratives Verstehen, S. 132.
170 Vgl. Christmann: Lesen als Sinnkonstruktion, S. 178 f.
171 Vgl. Busselle/Bilandzic: A Model of Narrative Comprehension, S. 257 f.
172 Vgl. ebd., S. 260.

Dabei umfasst die *erzählte Welt* »setting and all that setting implies: place, time period, and general contemporary state of affairs«.[173] Hinterlegt ist hier auch die Eigenlogik – implizite Begrenzungen und Regeln dessen, was in der erzählten Welt möglich ist. Diese Eigenlogik entwickelt sich ausgehend von der Annahme, dass narrativen Welten dieselben Gesetzmäßigkeiten zugrunde liegen wie der realen Welt. Die Kenntnis dieser Eigenlogik bleibt dem Rezipienten in aller Regel unbewusst, sofern sie nicht gebrochen wird.[174] *Charaktermodelle* basieren vielfach auf Stereotypen der Schemata und umfassen Informationen zu Persönlichkeitsmerkmalen, Motivationen und Zielen der narrativen Figuren.[175]

Weder im Modell des narrativen Verstehens, noch im lesezentrierten Ansatz findet jedoch die Tatsache Berücksichtigung, dass Rezipienten nicht nur Texte, sondern auch Paratexte ›lesen‹.[176] Ihnen wird im Hinblick auf das Situationsmodell folglich keine Bedeutung beigemessen. Hier wird jedoch die Ansicht vertreten, dass insbesondere buchgrammatische Peritexte und Epitexte um die Buchbeschaffung imstande sind, Offline-Inferenzen des Lesers anzustoßen, die noch vor der Aufnahme der ersten Zeilen des Buchtextes zu einer Vorstufe des Situationsmodells führen, die sich mit der Lektüre des Textes festigt und bei ausbleibender Lektüre verfällt. So wie der Leser den Buchtext auf der Basis der Schemata anreichert, so verdichtet auch der Narrativ des Buchkörpers den Erzähltext.[177]

Beispiele für inferenzrelevante Faktoren des Peritext Buchgrammatik sind zunächst typographische Gestaltung am und um den Text, insbesondere Textgliederungsmittel und Hypertexte. Kapitelüberschriften und

---

173 Busselle/Bilandzic: A Model of Narrative Comprehension, S.259.

174 Vgl. ebd.

175 Vgl. ebd., S.260.

176 Vgl. Lucius, Wulf D. von: Die Botschaft der Bücher jenseits des Textes. In: Perspektiven der Buch- und Kommunikationskultur. Hrsg. von Joachim Krape und Hermann-Arndt Riethmüller. Tübingen: Osiander 2000, S.79.

177 *Eine* mögliche Perspektive dieses bucheigenen Narrativs in Relation zum Erzähltext beschreibt Lucius: »Die Dreischichtung der Zeit im Photo kann zur Vierschichtigkeit im Buch werden: die Zeit, die der Text darstellt [...], die Zeit, in der der Text geschrieben wurde [...], die Zeit, in der das Buch gedruckt wurde [...], und meine, des Lesers Gegenwart. Der reine Text, wenn es ihn denn gäbe, umfaßte allenfalls zwei Zeitgeschichten: die des Gegenstands und die der Textabfassung.« Siehe Lucius: Die Botschaft der Bücher jenseits des Textes, S.80. Konkret: Ein Leser wird den stets gleichbleibenden Text anders wahrnehmen, je nachdem, wann dieses Buch gestaltet und hergestellt wurde. Die Eigenschaften eines Buches, das in den 1950ern veröffentlicht wurde, werden dem Leser andere Schlussfolgerungen hinsichtlich des Narrativs nahelegen können als ein Buch, das zur heutigen Zeit publiziert wird, schlicht aufgrund der gewandelten Gestaltungs- und Herstellungsmittel.

Inhaltsverzeichnisse liefern dem Leser Informationen, die inhaltliche Details antizipieren und strukturieren können. Selbiges trifft auf Abbildungen und Illustrationen zu. Bereits die gewählte Schriftart kann auf Genrekonventionen verweisen, die wiederum Erwartungen auf anderen Ebenen wecken. Dies gilt auch für marktfunktionale Paratexte wie Covergestaltung und Verlagssignets (die implizit auf ein Verlagsprogramm verweisen) sowie für epitextuelle Beschaffungsaspekte: Schon die räumliche Gliederung nach Genres in (Online)Buchhandlungen und Bibliotheken präfiguriert die Informationen des spezifischen Buches. Texte um das Buch – dazu zählen Waschzettel, Literaturkritik, Rezensionen und (mündliche) Buchempfehlungen – schließlich ermöglichen es den Lesern, erste Informationen über Charaktere, Schauplätze und Handlung zu erfassen. Somit werden die später verbindlicheren Segmente des Situationsmodells, erzählte Welt und Charaktermodelle, gegebenenfalls bereits vor der Lektüre angelegt.

Im Situationsmodell werden Buch- und Paratext gefügt. Eine Abstimmung der Information von Text und Paratext auf peritextueller sowie epitextueller Ebene ist daher nicht nur aus buchästhetischen und organisatorischen Gründen relevant, sondern auch bedeutsam für einen möglichst reibungslosen Sinnkonstruktionsprozess. Die Fähigkeit des Rezipienten, solche Paratexte zu lesen und Inferenzen darüber zu bilden, ist im Schema *Wissen um literarische Darbietungsformen* angelegt und damit abhängig von seinen bisherigen (Lektüre-)Erfahrungen.

Schlussendlich ist das Situationsmodell als basale, kognitive Abbildung des virtuellen Raums Grundlage für weiterführende Prozesse der Rezeption, die zur multisensorischen Wahrnehmung dieses Raumes führen können.

3.1.2 *Erleben des Andersraums: Embodied Cognition*

Bevor das Erleben des Andersraums unter Anwendung des *Präsenzerlebens* dargestellt werden kann, müssen die Möglichkeiten des Buchlesens betrachtet werden, multisensorische Informationsvermittlung zu erreichen. Dies geschieht unter Berücksichtigung der Ansätze der *Embodied Cognition*.

Diese Ansätze werden insbesondere seit den 1990er Jahren innerhalb der inter- und transdisziplinären Kognitionswissenschaft entwickelt. Im Kontrast zu traditionellen Konzepten der Kognitionsforschung wird hierbei nicht davon ausgegangen, dass das in der Interaktion mit der Umwelt erworbene semantische, handlungsbezogene und affektive Wissen ausschließlich in abstrahierte kognitive Konzepte von Weltwissen gewandelt und die modale, d. h. sinnliche, Erfahrungsweise danach ›gelöscht‹ wird.[178] Vielmehr wird angenommen, dass das Gehirn im Zuge einer weltlichen Erfahrung ein mentales Abbild der neuronalen Struktur einer spezifischen Wahrnehmung anfertigt und mit bereits bestehenden multisensorischen Repräsentationen verknüpft.[179] Repräsentationen werden nach Niedenthal et al. für jede Form von aufmerksamkeitsbindender Erfahrung gebildet. Aufgrund der hohen Flexibilität der Aufmerksamkeitslenkung können so diverse Erfahrungselemente wie Gegenstände, Zustände, Menschen, geistige, körperliche und affektive Verfassung, Handlungen, räumliche Settings und Beziehungen etc. erfasst und aus ihnen Repräsentationen angelegt werden.[180] Diese multimodalen Repräsentationen können bei zu einem späteren Zeitpunkt erfolgender, wiederholter Konfrontation der Person mit einer realen oder symbolischen Ausprägung der entsprechenden Erfahrung wieder abgerufen werden. Interessant ist hier vor allem das Konzept des Offline-Embodiments, der Aktivierung sinnlicher Repräsentationen einer bereits erlebten Erfahrung, wenn das ›Objekt‹ dieser Repräsentation abwesend (z. B. erinnert) oder symbolisch in Wort oder Bild repräsentiert ist.[181] Die Aktivierung erfolgt in Simulationen, in deren Zuge die neuronalen Muster (zumindest partiell) aktiviert werden, die bei der Ersterfahrung aufgezeichnet wurden. In solcher Weise erfahren Menschen Sinnesreize ohne den ›originalen‹ Input zu erhalten. Dieser Simulationsprozess wird dabei nicht zwangsläufig bewusst wahrgenommen; tatsächlich geht man davon aus, dass Gedächtnis, Handlungsplanung, Sprach- und soziales Verstehen sowie Denkprozesse in hohem Maße auf unbewusster Simulation basieren.[182] Der

---

178　Bildlich und vereinfacht gesprochen: Von dem visuellen Eindruck eines dreidimensionalen Hauses bliebe demzufolge nach der kognitiven Verarbeitung nur noch ein stark reduzierter, unflexibler Eindruck zurück, vergleichbar dem Unterschied zwischen einer Fotografie und einer schematischen Zeichnung.

179　Vgl. Barsalou: Grounded Cognition, S. 618. Ein anschauliches Beispiel bieten Niedenthal et. al.: »Consider a simulator for the social category, politician. Following exposure to different politicians, visual information about how typical politicians look (i.e., based on their typical age, sex, and role constraints on their dress and their facial expressions) becomes integrated in the simulator, along with auditory information for how they typically sound when they talk (or scream or grovel), motor programs for interacting with them, typical emotional responses induced in interactions or exposures to them, and so forth. The consequence is a system distributed throughout the brain's feature and association areas that essentially represents knowledge of the social category, politician.« Siehe Niedenthal u. a.: Embodiment in Attitudes, S. 195.

180　Niedenthal u. a.: Embodiment in Attitudes, S. 195.

181　Vgl. ebd., S. 187 f.

182　Vgl. ebd., S. 194 f.

Simulationsprozess wird als hochgradig dynamisch und kontextabhängig beschrieben. Dynamisch bezieht sich auf die grundsätzliche Fähigkeit einer spezifischen Repräsentation, eine unendliche Menge konkreter Simulationsvorgänge zu unterstützen, denn es wird nicht bei jeder Simulation das komplette in der Repräsentation angelegte Spektrum an Modalitäten aktiviert. Die äußerlich vorgegebenen und innerlich (individuell) erschlossenen Kontexte bestimmen die spezifische, flexible Ausprägung der Simulation maßgeblich mit.[183] Einmal etabliert, können diverse Repräsentationen (unter selektiver Anwendung der in ihnen enthaltenen Modalitäten) in Simulationen produktiv und kreativ zusammengeführt und damit als ›übergeordnete‹, komplexere Repräsentationen fixiert werden, denen nie eine spezifische Erfahrung vorausgegangen ist. Dieser Prozess kann auf Basis übergeordneter Repräsentationen fortgesetzt werden.[184] In solcher Weise werden letztendlich Produktion und Rezeption ›fiktiver‹ Welten und Sachverhalte möglich.

Modale Simulation von sprachlichem Input, ob mündlich oder schriftlich, wird als eine der Bedingungen von Sprachverstehen gefasst.[185] Forschungsbeiträge auf der Basis experimenteller Settings liefern Evidenz für das Statthaben von sprachinduzierten Simulationen sinnlicher, motorischer und affektiver Wahrnehmung.[186] Beispielsweise wurde unter Verwendung bildgebender Verfahren festgestellt, dass Verben, die die Bewegung bestimmter Körperteile konzeptualisieren, bei der Rezeption neuronale Aktivität im prämotorischen Zentrum bewirken.[187] Die Bedeutung motorischer Simulation (und damit auch Aspekte räumlicher Erfahrung) äußert sich auch in der Erfassung sprachlich vermittelter abstrakter Ideen und Zustände. Diese können als Metaphern gefasst werden, die auf Bewegungsverhältnisse des Körpers in einem räumlichen Umfeld referieren (*fiktive Bewegung*).[188] Eine andere Variante bildet die Erfassung von Worten mit abstrakter

---

183 Vgl. ebd., S.196.

184 Vgl. ebd., S.197. Angeführtes Beispiel: »For example, a person could run the waterfall simulator to produce a particular waterfall simulation. Once this simulation is in place, then the color of the waterfall can be systematically varied, using simulators for color, such as purple, orange, and gold, to differentially simulate the waterfall's color.«

185 Vgl. Wehling, Elisabeth: Politisches Framing. Wie eine Nation sich ihr Denken einredet – und daraus Politik macht (edition medienpraxis 14). Köln: Halem 2016, S.24.

186 Vgl. Barsalou: Grounded Cognition, S.628 f.

187 Vgl. ebd., S.628.

188 Vgl. Wehling: Politisches Framing, S.31. Angeführte Beispiele: Die Straße *läuft* an der Küste entlang. Der Weg *folgt* dem Bach. Der Pfad *erklimmt* hinter der nächsten Biegung den Berg.

Semantik, die nachweislich mittels räumlicher Assoziation unterstützt wird. Beispielsweise führen Worte mit positiv besetzter Semantik zur Verlagerung der Blickrichtung von Probanden nach oben, solche mit negativer Besetzung zur Blickrichtung nach unten.[189] Die Simulation bereits erfahrener Affekte zeigte sich bei Experimenten, in denen Erregungszustände von Probanden mithilfe von Messungen elektrodermaler Aktivität nachgewiesen wurden, sobald diese mit sprachlichen Äußerungen, im genannten Fall tabuisierte Begriffe oder Tadel, konfrontiert wurden.[190] Simulationen auf der Basis erfahrener Sinneseindrücke wurden schließlich – abermals mithilfe bildgebender Verfahren – festgestellt, indem Probanden stark mit Gerüchen assoziierte Worte (z. B. ›Knoblauch‹) oder solche, die besonders mit Geschmack verbunden sind (z. B. ›Salz‹), präsentiert wurden. In beiden Fällen feuerten Neuronen in Hirnbereichen, die für die Verarbeitung der entsprechenden Sinneseindrücke verantwortlich sind.[191]

Am Beispiel des Satzes »Der Vogel ist am Himmel« illustriert Wehling, wie der Rezipient mithilfe von aktivierten Deutungsrahmen (*Frame*), bestehend sowohl aus kognitiven Modellen als auch multimodalen Simulationen, die miteinander interagieren, den Satzsinn in einem Detailgrad erschließen kann, den der Text nicht vorgibt:

> *Frame [...] Wenn Vögel am Himmel sind, dann fliegen sie. Um zu fliegen, spannen Vögel ihre Flügel auf [= kognitives Modell]. Wenn ich fliegende Vögel am Himmel sehe, dann stehe ich in aller Regel unter ihnen, denn ich selbst bewege mich typischerweise nicht am Himmel, sondern auf dem Erdboden [= Simulierte motorische Erfahrung; zugleich Erfahrung der körperlichen Verortung in der Umwelt]. Ich sehe also von unten die aufgespannten Flügel [= Simulierte visuelle Erfahrung].[192]*

Wenn Leser, wie zuvor im Zusammenhang des narrativen Verstehens dargestellt, auf vorgeprägte Schemata zurückgreifen, dann umfasst dies letztendlich nicht nur den Zugriff auf abstrakte kognitive Modelle von Lebenserfahrung, die durch Inferenzen zum logisch-kohärenten Situationsmodell geformt werden. Es umfasst auch die Aktivierung multisensorischer

---

189 Vgl. Barsalou: Grounded Cognition, S. 629.
190 Vgl. ebd.
191 Vgl. Wehling: Politisches Framing, S. 22.
192 Ebd., S. 29 f.

Repräsentationen im Zuge von Simulationen. Lesen ist also ein Rezeptionsprozess, in dem in Abhängigkeit von der Vorprägung des Rezipienten eine multisensorische Informationsvermittlung stattfindet, die grundsätzlich nicht hinter derjenigen von AV-Medien zurücksteht, da sie durch neuronale Aktivierung gespeicherter sensorischer Wahrnehmungsmuster ebenso ›real‹ abgebildet wird, wie es bei der Verarbeitung von extern eingehenden, ›direkten‹ visuellen und auditiven Stimuli geschieht.

Hierdurch ist der Buchleser prinzipiell in der Lage, bei der Rezeption des Textes das gesamte Spektrum der körperlich vermittelten Wahrnehmungen zu aktivieren. Abhängig von der so erzeugten ›Detailweite‹ kann auch eine beträchtliche Detailtiefe entstehen, das heißt, die Dichte der vermittelten Information hängt auch von der durch den Leser bereitgestellten Breite der angesprochenen ›Sinne‹ ab.

Zu berücksichtigen bleibt schlussendlich auch, dass nicht nur der Buchtext derartige Prozesse in Gang setzt. Der Buchkörper, als während des Leseprozesses taktil und visuell erfahrener Gegenstand, liefert ebenfalls Reize, die in sensorischer Simulation münden, aus der heraus emotive Zustände entstehen, die auf die Wahrnehmungsprozesse des Textverstehens einwirken und diese ›einfärben‹.[193]

3.1.3 Erleben des Andersraums: Spatial Presence

Der Ansatz des *Präsenzerlebens* hat sich aus seiner zunächst technikzentrierten Konzeptualisierung gelöst und wird in jüngerer Zeit unter stärkerer Berücksichtigung psychologischer Perspektiven weiterentwickelt. Problematisch gestaltet sich dabei die Begriffsunschärfe von *Presence*, die auf seine Anwendung für so diverse Konstrukte wie *Immersion, Transport* oder *Social Richness* fußt. Theoretisch entwickelt wurde der Begriff zunächst mit Bezug auf Telemedien der interpersonellen Kommunikation (Telefon, E-Mail etc.). Insbesondere seit den 2000er Jahren wird die Betrachtung erlebter virtueller Realität infolge von Mediennutzung als *Spatial Presence* in die Entwicklung miteinbezogen.[194] Es ist das besondere Verdienst der Forschergruppe um Wirth, ein Konzept der *Spatial Presence* vorgelegt zu haben, in dem auch das Medium Buch explizit Berücksichtigung findet; wobei ihm

193 Vgl. Herbst, Dieter/Maisch, Bettina: Die wirkungsvolle Buchgestaltung. Wissenschaftliche Erkenntnis
       und Konsequenzen. In: Buchgestaltung. Ein interdisziplinäres Forum. Tagung der Internationalen Buchwissenschaftlichen Gesellschaft. St. Gallen 13.–14. Juni 2008 (Buchwissenschaftliche
       Forschungen 9). Hrsg. von Cornel Dora. Wiesbaden: Harrassowitz 2009, S. 162 sowie 165–167.
194 Vgl. Aelker, Lisa: Präsenzerleben. In: Medienpsychologie. Schlüsselbegriffe und Konzepte, S. 172–174.

allerdings ein nur schwaches Potenzial zur Bildung erlebter virtueller Realität unterstellt wird – eine Aussage, die hier kritisch zu prüfen ist.[195]

Räumliches Präsenzerleben fassen Wirth et al. grundsätzlich als zweidimensionales Konstrukt, dessen Kern den Eindruck des Rezipienten umfasst, körperlich im durch das Medium erzeugten Raum situiert zu sein. Die zweite Dimension erfasst die empfundenen Interaktionsmöglichkeiten des Rezipienten mit dem medial vermittelten Umfeld. Präsenzerleben ist binär, es findet statt oder nicht, Abstufungen sind nicht möglich.[196] Im vorgeschlagenen Modell wird es quasi innerhalb eines räumlichen Situationsmodells erreicht (siehe Abbildung 3).

Sein Aufbau gründet sich zunächst auf Faktoren der Aufmerksamkeitslenkung. Unterschieden werden medial *induzierte Aufmerksamkeit* und vom Rezipienten *gesteuerte Aufmerksamkeit*. Induzierte Aufmerksamkeit bezieht sich auf die Fähigkeit (spezifischer) Medien, durch die Ansprache mehrerer Sinne ein breites Signalspektrum zu erreichen und im Zusammenhang damit einen hohen Detailgrad der Informationsvermittlung zu leisten. Beides wirkt sich aufmerksamkeitsfördernd auf den Rezeptionsprozess aus. Gesteuerte Aufmerksamkeit beschreibt die aktiv vorangetriebene Erfassung des medialen Angebots durch den Rezipienten, begründet beispielsweise in einer Passung von thematischem Interesse und thematischem Angebot.[197] Die Differenzierung induzierter und gesteuerter Aufmerksamkeit dient im Modell Wirths et al. in erster Linie als Hilfskonstruktion zur Erklärung von Präsenzempfinden bei der Buchlektüre, da dieser die Fähigkeit multisensorischer und detailtiefer Übertragungsleistung weitgehend abgesprochen wird. Diese Annahme wurde durch die Darstellungen des vorangegangenen Kapitels widerlegt. Grundsätzlich ist davon auszugehen, dass auch Wirth et al. an die Grenzen des in der Medienforschung weitverbreiteten Aktiv-Passiv-Schemas stoßen, das zwar als simplifizierendes Mittel zur Differenzierung der Rezeption von Schrift- und AV-Medien gebraucht, das aber nicht in jedem beliebigen Zusammenhang logisch abgeschlossen werden kann. Dieses Schema betrachtet AV-Medien als aktive Medien, die den Rezeptionsprozess steuern, und denen passive Rezipienten gegenüberstehen, die sich diesem bloß aussetzen. Umgekehrt wird der Buchleser vielfach als aktiver Rezipient gefasst, der den Leseprozess steuert. Das Buch übernimmt in der vorgegebe-

---

195 Vgl. Wirth u. a.: Formation of Spatial Presence Experiences, S. 496.
196 Vgl. ebd., S. 497.
197 Vgl. ebd., S. 498–501.

nen Logik zwangsläufig den passiven Part, was die Frage erlaubt, was genau ein passives Buch im Lektüreprozess eigentlich tut. In beiden Konstruktionen bleibt unklar, wie angesichts von Passivität die Interaktivität zustande kommen soll, die doch, wie bereits dargestellt, Basis der Bildung eines Situationsmodells ist. Es ist letztendlich die Leistung des Buchtextes, strukturierte und – durch die Eigenschaft, auf Wirkung hin von einem Autor produziert worden zu sein – zielgerichtete Simulationen auf Basis existierender modaler Repräsentationen unter Mitwirkung des Lesers in diesem zu bewirken.[198]

Die Transition vom mental repräsentierten Situationsmodell zum räumlichen Präsenzempfinden erfolgt durch die positive Beantwortung der Frage, ob die *mediierte Welt als Präferierter Referenzrahmen der Selbstwahrnehmung* (m-PRS) vom Rezipienten akzeptiert wird.[199]

Referenzrahmen der Selbstwahrnehmung (RS) sind kognitive Modelle von Räumlichkeit, die Menschen grundsätzlich bilden. In einem permanenten Aktualisierungsprozess werden sinnliche Hinweise auf Räumlichkeitsverhältnisse erfasst, die sich in der First-Person-Perspektive um die Person organisieren und dabei ein Umfeld etablieren, in dem der eigene Körper verortet wird.

Wurde im Zuge der Mediennutzung auf der Basis raumbezogener Indizes und Inferenzen ein Situationsmodell des virtuellen Raums erstellt, dann stehen dem Rezipienten neben den RS der sinnlich erfahrenen, realen Welt auch solche des virtuellen Raums zur Verfügung. Diese RS stehen dann in Konkurrenz zueinander und nötigen den Rezipienten, zwecks des Erhalts der kognitiven Homöostase, einen *Präferierten Referenzrahmen der Selbstwahrnehmung* (PRS) zu bestimmen. Erst wenn die Hypothese des m-PRS bestätigt wird, kann die bloße – wenn auch lebhafte – Abbildung des virtuellen Raums als Handlungsraum des Lesers gedeutet und Präsenzerleben angenommen werden. Die m-PRS ist dabei nicht einfach, sondern wiederholt zu bestätigen, um das Präsenzempfinden aufrechtzuerhalten.[200]

Nach Vorstellung von Wirth et al. sind *Teilhabe (Involvement)* und *Plausibilitätsvermutung (Suspension of Disbelief)* Mechanismen, die dem aktiven Leser Möglichkeiten an die Hand geben, die mangelhafte Informationsqualität und -dichte der Lektüre zu kompensieren und so m-PRS-Hypothesen

198 Vgl. Caracciolo: The Experientiality of Narrative, S. 102.
199 Vgl. Wirth u. a.: Formation of Spatial Presence Experiences, S. 498.
200 Vgl. ebd., S. 504–508.

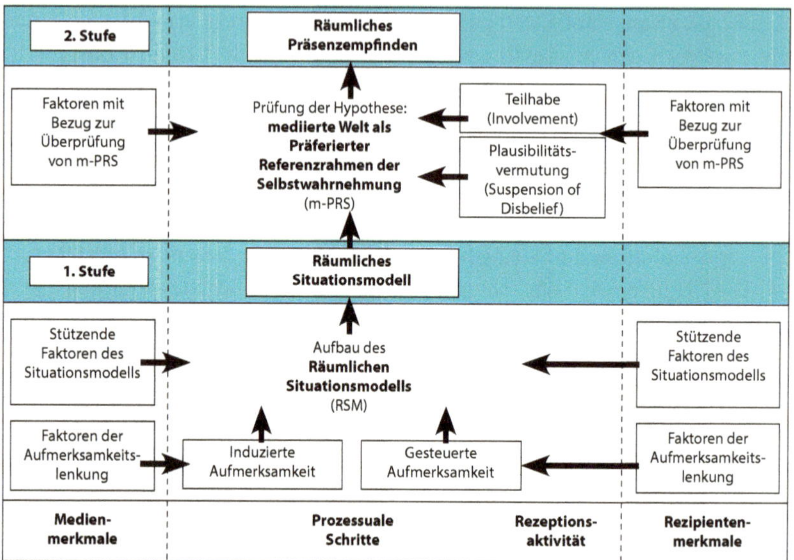

Abbildung 3.
Übersicht des zweistufigen Modells Räumlichen Präsenzempfindens,
ins Deutsche übertragen. Darstellung nach Wirth u. a. (2007), S. 498.

und damit Präsenzerleben zu forcieren.[201] Sie betrachten *Teilhabe* als aktive
und intensive Verarbeitung der mediierten Welt: »Involvement is an action
that includes higher forms of information processing, such as thinking about,
interpreting, elaborating, appraising, and assigning relevance to the media
content.«[202]

Die *Plausibilitätsvermutung* wird vorgestellt als das (unbewusste) Über-
gehen äußerer Einflüsse und inferenzieller Einschübe, die den kognitiven
Verarbeitungsprozess stören könnten.[203]

Sowohl *Involvement* als auch *Suspension of Disbelief* sind jedoch bereits
wesentliche Bestandteile der Bildung des Situationsmodells, und zwar durch
die bereits dargestellte Inferenzbildung.[204] Sie sind quasi die Sprossen der
Leiter, über die der Leser auf den ersten Absatz des von Wirth et al. vorge-

---

201 Vgl. Wirth u. a.: Formation of Spatial Presence Experiences., S. 512.
202 Ebd., S. 513.
203 Vgl. ebd., S. 514.
204 Vgl. Christmann: Lesen als Sinnkonstruktion, S. 178 f.

schlagenen Modells gelangt, und sind damit dem Erklimmen der zweiten Leiter, hinauf zum Präsenzerleben, vorangestellt.

Die im Konzept vorgesehene Funktion dieser beiden Faktoren besteht darin, trotz der angenommenen Übertragungsmängel der Buchlektüre einen fortlaufenden Strom von *spatial clues* – welche die m-PRS vermitteln – zu gewährleisten, indem sie den Leser motivieren, die intensive Lektüre fortzusetzen.[205] Tatsächlich aber sind sie in erster Linie Mittel der Bereitstellung von m-PRS, nicht zentral Mittel ihrer Stabilisierung. Das bedeutet auch, dass die Bereitstellung von m-PRS im Fall des Buchlesens früher erfolgt als im Modell vorgeschlagen. Sie werden bereits beim Aufbau des Situationsmodells angelegt. Aufmerksamkeitsfokus – nach Wirth et al. auch Element der Teilhabe – ist per definitionem im Leseprozess inbegriffen, Kohärenz wird beim Aufbau des Situationsmodells bereits erreicht und schließlich ist auch die multimodale Informationsübertragung im Lesefluss gegeben. Grundsätzlich verfügen also sowohl Buch als auch Leser über alle notwendigen Bedingungen, die zu einer starken m-PRS-Hypothese führen, ohne dass dem Lektüreprozess durch den Leser Gewalt angetan wird.[206]

Caracciolo illustriert anhand eines Textbeispiels, wie sich Präsenzempfinden im Zusammenhang mit Handlungsmöglichkeiten innerhalb der virtuellen Realität verwirklicht:

> *Some (of the internees) had covered their heads with a blanket, as if anxious that a pitch-black darkness, a real one, might extinguish once and for all the dim suns that their eyes had become. The three lamps suspended from the high ceiling, out of arm's reach, cast a dull, yellowish light over the beds, a light incapable of even creating shadows.*[207]

Nach Caracciolo lädt die Beschreibung den Leser ein, den Schlafsaal in bestimmter Weise zu erkunden: Zuerst wird der Blick des sich als räumlich anwesend empfundenen Lesers auf die Köpfe der Häftlinge gerichtet, dann in einer Aufwärtsbewegung zu den Deckenlampen und schließlich in einer Abwärtsbewegung auf die Betten. Leser aktivieren auf der Basis des Textes

---

205 Vgl. Wirth u. a.: Formation of Spatial Presence Experiences, S. 509.
206 Vgl. ebd., S. 512.
207 Saramago, José: Blindness. Orlando: Harcourt 1999, S. 70–71. Zitiert nach Caracciolo: The Experientiality of Narrative, S. 101.

und der ihrer mentalen Repräsentationen eine Simulation der Bewegung, die notwendig wäre, um die Szenerie in einer realen Umgebung aufzunehmen.[208]

Als Stützfaktor der m-PRS-Hypothese mit oben genannter Funktion wird zunächst ein weiterer Vermerk der Autoren aufgenommen: Spannungs-erleben.[209] Soziales Erleben kann den intensiven, flüssigen Leseprozess unterstützen. Über den Text hinausgehend wird knapp auf das *Flow*-Konzept verwiesen: Erlebt der Leser die Lektüre als Herausforderung – die seine Kompetenzen nicht überschreiten darf –, dann kann das mit der Bewältigung dieser Herausforderung einhergehende Befriedigungsgefühl ihn motivieren, damit fortzufahren.[210] Ob letztlich räumliches Präsenzerleben eintritt, hängt von der Wirkungszuschreibung und dem angewandten Rezeptionsmodus des Lesers ab, also davon, ob eine umfängliche Passung zwischen Text und Leser erfolgt.

Weitere wesentliche Faktoren, die zum Gelingen von Präsenzerleben beitragen oder es scheitern lassen können, sind Buchapparat und lektüre-funktionale Typographie. Während Wirth et al. davon ausgehen, dass die taktile Erfassung des Buchkörpers durch das bloße Halten oder Umblättern der Seiten grundsätzlich einen Willensakt (Suspension of Disbelief) des Lesers erfordert, um den Eindruck von medialer Vermittlung abzuschütteln, wird hier die Ansicht vertreten, dass Leser im Normalfall keinen Anstoß daran nehmen. Das Buch ist ein im Hinblick auf seine Funktion hergestellter Apparat, grundsätzlich ist also davon auszugehen, dass es den Bedürfnissen der Leser Rechnung trägt. Erst dann, wenn tatsächlich Defekte eintreten, beispielsweise eine schlechte Lesbarkeit der Schrift oder widerspenstiges Aufschlageverhalten, werden Buchkörper und Typographie zu Störfaktoren.

3.2 Die soziale Dimension des Andersraums

Zurschmitten teilt die gängige Auffassung, dass der Leser nicht imstande ist, sich den narrativen Raum als virtuelle Welt zu erschließen, was er zentral daran festmacht, dass er als bloßer Beobachter dieser Welt und des darin

---

208 Vgl. Caracciolo: The Experientiality of Narrative, S. 102.
209 Vgl. ebd., S. 510.
210 Vgl. Schweiger: Theorien der Mediennutzung, S. 212. Vertiefend dazu Muth, Ludwig: Leseglück als
     Flow-Erlebnis. In: Leseglück. Eine vergessene Erfahrung? Hrsg. von Alfred Bellebaum und Ludig
     Muth. Opladen: Westdeutscher Verlag 1996, S. 57–86.

statthabenden Geschehens nicht agieren könne.[211] Im Unterschied dazu etabliere das Videospiel mittels des Avatars ein Werkzeug, mithilfe dessen der Spieler den virtuellen Raum betreten könne, indem er sich in die Kunstfigur hineinprojiziere. Dieser Vorgang erhebe den Spieler im virtuellen Raum zum handelnden, wahrnehmenden und »atmosphärisch spürenden Mensch[en]«. Mit dem Protagonisten, in der Regel der in Besitz genommene Avatar, steht er in einer identifikatorischen Beziehung – er »wird zum Anderen, bewegt sich durch den virtuellen Raum und beobachtet gleichzeitig die Bewegungen dieses Anderen«. Sinn des Eintritts in den virtuellen Raum ist nach Sicht des Autors die »Selbstbeobachtung«.[212]

Der Leser könne sich zwar ebenfalls in die Figur hineinversetzen, aber nicht durch sie die Welt erleben, da er nicht über sie verfüge. Folglich erschließe sich ihm kein Handlungs- und damit kein Andersraum.[213]

Zurschmittens Argumentation unterliegt jedoch einer klaren Misskonzeption des Leseprozesses. Die vorausgegangenen Darstellungen haben gezeigt, dass Buchtext und Leser durchaus imstande sind, einen virtuellen Raum zu generieren, in dem der Leser über Handlungsmacht verfügt. Die Darstellung der Leser-Figuren-Beziehung offenbart darüber hinaus fehlgeleitete Vorstellungen über die Struktur der narrativen Figur im Buchtext. Sie ist keine ›Leerstelle‹, die vom Leser besetzt werden kann oder sollte. Der Protagonist bewegt vielmehr den Leser und führt diesen durch die Welt des Buchtextes.

Die virtuelle Welt des Buches ist kein Ort, dessen Funktion es wäre, einer Spiegelung des verkleideten Rezipienten Raum zu geben. Räumliches Präsenzerleben ist in diesem Fall vielmehr die Basis für ein soziales Präsenzerleben. Dieses bezieht sich auf den Eindruck des Rezipienten, dass eine narrativ vermittelte Figur eben nicht bloß Figur ist, sondern eine reale, dem Leser gleichwertige Person darstellt, mit der das Aufnehmen einer sozialen Beziehung möglich ist.[214] Wie sich die personellen Merkmale der Medienfigur im Buchtext ausprägen und in welcher Weise soziale Interaktion zwischen Leser und Persona realisiert werden kann, sind Gegenstände der folgenden Ausführungen.

---

211 Vgl. Zurschmitten, Christof: Spiegel im Spiegel. Heterotopischer Raum im Computerspiel und seine Reflexion in der Literatur. Heterotopien. Perspektiven der intermedialen Ästhetik (MedienAnalysen 15). Hrsg. von Nadja Elia-Borer u. a. Bielefeld: Transcript 2013, S. 619.
212 Zurschmitten, Christof: Spiegel im Spiegel, S. 614.
213 Vgl. ebd., S. 615.
214 Vgl. Schweiger: Theorien der Mediennutzung, S. 213.

3.2.1 Erfahren der Anderswelt: Persona

Basis sozialen Erlebens ist die Wahrnehmung der narrativen Figur – primär des Protagonisten – als einer dem Leser gleichwertigen und daher zugänglichen Person. Nach Giles ist es Aufgabe des Narrativs, einen Kontext zu liefern, in dem die soziale Wahrnehmung als für den Rezipienten logische Handlung erscheint.[215] Das Konstrukt einer sozial anschlussfähigen narrativen Figur wird als *Persona* bezeichnet. Der Begriff wurde initial geprägt auf Medien*akteure*, namentlich Nachrichtensprecher, Moderatoren, Talkshow-Gäste etc., wurde in den letzten Jahren aber zunehmend auf ›fiktive‹ Medienfiguren ausgedehnt, wenn auch die Menge der Literatur, die sich mit derartiger parasozialer Interaktion (PSI) und parasozialer Beziehung (PSB) befasst, noch übersichtlich ist.[216]

Baeßler entwirft in ihrem Modell personazentrierter Rezeption (MPR) eine Übersicht der Konstruktions- und Wahrnehmungsfaktoren der medial vermittelten Persona (siehe Abbildung 4).[217] Da hier der Fokus auf *parasozialer Interaktion*, der Online-Erfahrung der Persona, liegt, wird der sekundäre mediale Kontext, der insbesondere für *parasoziale Beziehungen* (Offline-Erfahrung) relevant ist, nur am Rande berührt.[218] Das MPR referiert in erster Linie auf Medienakteure, weshalb in der weiteren Anwendung eine grundlegende Differenzierung vorgenommen werden muss: Eine Trennung von Person und Rolle, wie sie im Fall von Medienakteuren sinnvollerweise vorzunehmen ist, empfiehlt sich im Bezug auf narrative Figuren nicht. Die narrative Figur wird vom Autor im Hinblick auf die von ihr zu erreichenden Ziele (und unter Berücksichtigung von Faktoren wie z. B. Genrekonventionen) konstruiert. Die Figur als Person ist daher nicht von ihrer Funktion bzw. Tätigkeit im Text zu scheiden, im Gegensatz zum Medienakteur, der unabhängig von seiner Funktion, d. h. der in einem bestimmten Medium ausgeübten Rolle, existiert. Seine Personenmerkmale gründen nicht in der Rolle, wenngleich sie ihn aus der Sicht von Auftrag- und Arbeitgebern für diese Rolle prädestinieren mögen. Zugleich ist die Perspektive Baeßlers

---

215 Vgl. Giles, David C.: Parasocial Relationships. In: Characters in Fictional Worlds. Understanding Imaginary Beings in Literature, Film, and Other Media (Revisionen Grundbegriffe der Literaturtheorie 3). Hrsg. von Jens Eder, Fotis Jannidis und Ralf Schneider. Berlin/New York: De Gruyter 2010, S. 454.

216 Vgl. Schramm, Holger: Parasoziale Interaktion (PSI). In: Medienpsychologie. Schlüsselbegriffe und Konzepte, S. 297–300.

217 Vgl. Baeßler: Medienpersonen als parasoziale Beziehungspartner, S. 82.

218 Zur Ausprägung des sekundären medialen Kontextes in Bezug auf Medienfiguren siehe Giles: Parasocial Relationships.

auf die positive Beziehung zu Personae fokussiert, wonach auch die Terminologie gewählt wurde. Von dieser Eingrenzung wird Abstand genommen.

Wie beim Aufbau von Spatial Presence vollzieht sich der Aufbau von Social Presence – der Anerkennung der Figur als Persona – auf der Basis von textvermittelten personalen Indizes und Inferenzen des Lesers, die im Situationsmodell strukturiert werden. Die Indizes sprechen abermals nicht nur kognitive Modellierungen der Schemata an, sondern auch multimodale Repräsentationen. Die personalen Indizes verweisen auf verschiedene Dimensionen der Wahrnehmung eines Charakters, die gefügt werden müssen, um die Hypothese vom mediierten Menschen als gleichwertiger Entität zu stützen.

Mit »quasi-objektiven« Merkmalen wie Geschlecht oder Alter, dem Personenfaktor *Aussehen* (Attraktivität) und der *Persönlichkeit*, die sowohl Merkmal der Person als auch der Rolle ist, sowie *Status/Erfolg/Personenkonstellation* spricht Baeßler die vom Rezipienten wahrgenommenen Charakteristika der Persona aus ihrer gelebten Biographie an.[219]

In Schreibratgebern geht man – das obige zusammenfassend – von drei Dimensionen der Figurenbeschreibung aus: physiologische Dimension (körperliches Erscheinungsbild), soziologische Dimension (gesellschaftliche Stellung und soziales Netzwerk) und psychologische Dimension (Persönlichkeit, Werthaltungen u. ä.).[220] Auch sie resultieren aus der Biographie einer Medienfigur, die innerhalb des Buchtextes nur dort aufgegriffen wird, wo sie für die Erzählung relevant bzw. der Beziehungsbildung zwischen Figur und Leser förderlich sind. Dabei ist die Beschreibung der physiologischen Dimension Basis für u. a. visuelle und auditive Simulationen des Lesers. Soziale und psychologische Dimension sprechen kognitive Modellierungen innerhalb der Schemata an und initiieren gegebenenfalls affektive Simulationen. Eine die Grenze der Narration überschreitende, abgefasste Biographie der Figur ist oftmals ein Hilfsmittel des Autors, selbst parasoziale Beziehungen zu den Personae aufzubauen, die er zu vermitteln wünscht.[221]

---

219 Vgl. Baeßler: Medienpersonen als parasoziale Beziehungspartner, S. 82, 86 f. sowie 94 f.

220 Vgl. Lobeck, Monika (Red.): Brockhaus Kreatives Schreiben. Vom leeren Blatt zum fertigen Text. Gütersloh/München: F. A. Brockhaus 2013, S. 199–201. Der Band wird exemplarisch verwendet. Schreibratgeber werden an dieser Stelle als ›Zeugnisse‹ des Konstruktionsprozesses begriffen. Sie referieren auf Inhalte der Literaturwissenschaften bzw. Literaturkritik, die jedoch schwerpunktmäßig die wertende und deutende Rezipientenperspektive auf den produzierten Text einnehmen. Schreibratgeber wenden diese Perspektive und stellen die vom Autor auf den Leser ausgerichtete Produktion dar.

221 Vgl. Frey, James N.: Wie man einen verdammt guten Roman schreibt. Köln: Emons 1993, S. 23–33.

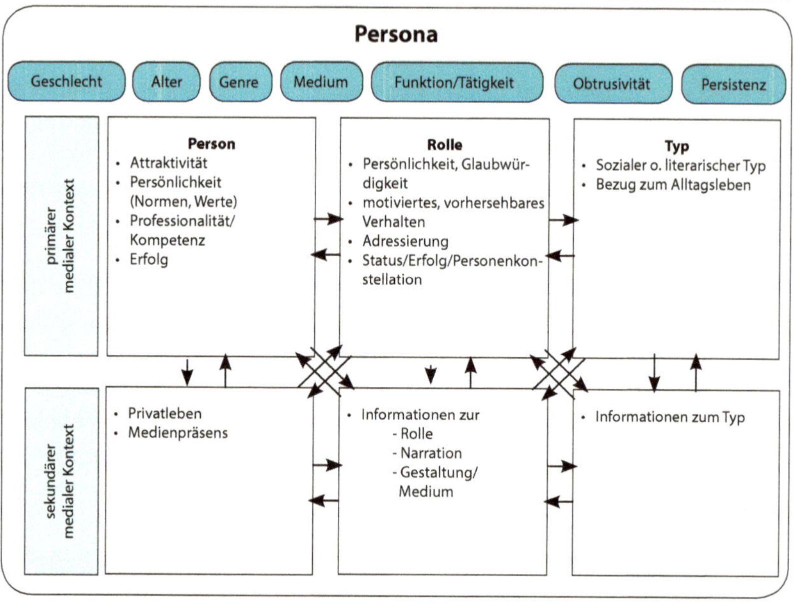

Abbildung 4. Übersicht über Personamerkmale.
Darstellung nach Baeßler (2009), S. 74.

Die von Baeßler angeführten Faktoren *Professionalität/Kompetenz,*
Glaubwürdigkeit und *motiviertes Verhalten* finden ihr Pendant im Hand-
lungsprimat, das aus der ›Fotografie‹ der Medienfigur einen ›Bewegtfilm‹
produziert, was deren Authentizität unterstreicht.[222] Motiviertes Verhalten fasst die Verkörperung »eine[r] aktiven [...] Rolle [...], deren Verhalten
nicht zu überraschend, sondern eher vorhersehbar ist, da der Rezipient mit
der Rolle vertraut ist.«[223] Damit im Zusammenhang steht Glaubwürdigkeit, die bestimmt, dass der Medienakteur sein Verhalten auf die Möglichkeiten abstimmen sollte, die innerhalb seiner Rolle ›logisch‹ angelegt sind.
Dies lässt sich auf die Medienfigur übertragen. Aus den drei Beschreibungs-
dimensionen der spezifischen narrativen Figur ergibt sich ein Spektrum von
Verhaltensweisen, das im Zusammenhang mit der Ausprägung der Figur ihre

---

222 Vgl. Baeßler: Medienpersonen als parasoziale Beziehungspartner, S. 88 f. sowie 94 f. Vgl. außerdem
    Lobeck: Brockhaus Kreatives Schreiben, S. 205.
223 Baeßler: Medienpersonen als parasoziale Beziehungspartner, S. 94.

Handlungsmöglichkeiten definiert. In Bewegung gesetzt wird die Medienfigur durch ihr Ziel; ihr Handeln motiviert sich durch den Willen, es zu erreichen. Dazu müssen narrative Figuren Konflikte überwinden und Probleme lösen. Die darauf angewandten Strategien sollten sich logisch in das Repertoire verfügbarer Handlungsweisen fügen.[224] Professionalität/ Kompetenz in Bezug auf Medienakteure umreißt Baeßler mit »Beurteilungsdimensionen wie z.B. Leistungsorientierung, Gesprächsverhalten und Problemlöseverhalten.«[225] Äquivalent dazu spricht James N. Frey von der Maximalkapazität der Medienfigur. Gemeint ist damit, dass die Figur alle ihr verfügbaren Mittel und Strategien aktivieren muss, damit der Leser ihr ›Kompetenz‹ zuschreiben kann. Es geht dabei nicht darum, dass »eine Figur sich immer am [abstrakten] absoluten Maximum aufhält, sondern vielmehr an dem Maximum, das für diese Figur erreichbar ist.«[226] Demnach unterliegt auch die Maximalkapazität dem Glaubwürdigkeitsobligat.

Im Zusammenhang mit dem Faktor motiviertes, vorhersehbares Verhalten hält die Autorin fest, dass es »insbesondere in fiktionalen Medienangeboten zu beobachten ist, dass die Motive von Personen oft ausführlicher und intimer dargestellt werden.«[227] Dies hängt vor allem damit zusammen, dass der Aspekt *Privatleben*, der dem sekundären medialen Kontext zugeteilt ist, im Fall von reinen Medienfiguren mit dem primären medialen Kontext zusammenfällt, da keine Differenzierung von Person und Rolle stattfindet. Wer dem Geschehen um eine narrative Figur folgt, der bewegt sich unvermeidlich innerhalb deren Privatsphäre. Die daraus resultierende Illusion von Intimität stärkt die Persona-Hypothese erheblich.

Der soziale bzw. literarische Typus nach Baeßler umfasst die Kopplung des Medienakteurs mit vorgeprägten Schemata, die den Rezipienten unterstützen, ihn mühelos zu kontextualisieren und in seiner Rolle zu verstehen.[228] Die Darstellungen zum narrativen Verstehen verdeutlichen, dass dieser Faktor auch im Fall des Buchtexts bereits im Konstruktionsprozess berücksichtigt ist.

Obtrusivität (Aufdringlichkeit) und *Persistenz* (Erscheinungshäufigkeit) bezeichnet Baeßler schließlich als grundlegend für die Wahrnehmung von

---

224 Vgl. Lobeck: Brockhaus Kreatives Schreiben, S. 205–207.
225 Baeßler: Medienpersonen als parasoziale Beziehungspartner, S. 88.
226 Frey: Wie man einen verdammt guten Roman schreibt, S. 40.
227 Baeßler: Medienpersonen als parasoziale Beziehungspartner, S. 95.
228 Vgl. ebd., S. 88.

Medienakteuren als Personae.[229] Analog zur Obtrusivität ist es im Fall der Konstruktion narrativer Figuren empfohlen, durch Überzeichnung ausgewählte, zentrale Charaktereigenschaften hervorzuheben. Zugleich wird angeraten, einen Bruch in der Charakterzeichnung anzulegen. Die Überspitzung zeichnet die narrative Figur gegenüber anderen Figuren innerhalb desselben Textes aus, der Bruch hebt sie von den sozialen oder literarischen Schemata ab, auf deren Basis sie entworfen wird. In solcher Weise wird Individualität erzeugt, die Voraussetzung der Persona-Hypothese schlechthin.[230] Der Faktor Persistenz weist darauf hin, dass Leser primär Protagonisten als Personae anerkennen, denen sie mit der größten Häufigkeit und durch den potenziell mehrstündigen Leseprozess über eine längere Zeitspanne hinweg ausgesetzt sind.

Die narrative Figur ist, wie aus der Betrachtung hervorgeht, als Persona angelegt, die als selbstständige Entität funktionieren soll. Dem Leser wird vonseiten des Autors eine parasoziale Interaktion angeboten; ob diese stattfindet, hängt – wie bereits beim Präsenzempfinden – von der Text-Leser-Passung ab. Im Fall der Social Presence können ›handwerkliche‹ Fehler der Charakterkonstruktion allerdings durch *thematische Voreingenommenheit* des Lesers von diesem kompensiert werden, sofern eine Überschneidung zwischen dem Lebensthema von Protagonist(en) und Leser vorliegt.[231]

3.2.2 Erleben der Anderswelt: Parasoziale Interaktion

Parasoziale Interaktion erfolgt ausschließlich im medialen Kontext (online) und fußt darauf, dass der Rezipient den Medienakteur bzw. die Medienfigur als sozial anschlussfähige Persona anerkennt, dass also ›social clues‹ zur Bildung einer mehrdimensionalen Charaktersynthese geführt haben.[232] In der PSI erlebt der Rezipient eine Illusion von Intimität und Vertrautheit, die üblicherweise Gegenstand der sozialen Interaktion ist. Der zentrale Unterschied zwischen sozialer und parasozialer Interaktion besteht darin, dass erstere reziprok verläuft, letztere aber einseitig, ausgehend vom Rezipienten.[233] Die vom Rezipienten auf die Persona gerichteten Handlungen gliedert Baeßler in »affektive, kognitive und konative Teilprozesse«, die miteinander

---

229 Vgl. Baeßler: Medienpersonen als parasoziale Beziehungspartner, S. 85.
230 Vgl. Lobeck: Brockhaus Kreatives Schreiben, S. 198 sowie 203 f.
231 Vgl. Pette: Psychologie des Romanlesens, S. 46 f.
232 Vgl. Baeßler: Medienpersonen als parasoziale Beziehungspartner, S. 100.
233 Vgl. ebd., S. 21.

in Wechselwirkung stehen, sich meist unbewusst vollziehen und große Ähnlichkeit zur realen Face-to-Face-Interaktion aufweisen.[234]

Als wesentliche affektive Handlungsvorgänge werden die Faktoren *Empathie* und *emotionale Ansteckung* genannt. Dem stehen kognitive Prozesse gegenüber, die das *Bewerten* (nach moralischen Gesichtspunkten) und *Verstehen* der Medienfigur umfassen sowie die Entwicklung einer *Erwartungshaltung* gegenüber dieser und eine Antizipation ihrer nächsten Schritte. Im *sozialen Vergleich* setzt sich der Rezipient in Relation zur Figur. Es schließen sich konative Reaktionen an, *motorischer, nonverbaler* (Mimik, Gestik) und *verbaler* (z. B. Zurufe) Art.[235] In welcher Weise diese Teilprozesse beim Lesen zum Tragen kommen, wird hier darzustellen sein.

Der von Baeßler benannte Faktor *Aufmerksamkeitslenkung* gründet auf einer vom Rezipienten wahrgenommenen *Adressierung* durch den Medienakteur, in deren Zuge »sich beispielsweise Moderatoren in ihrer Begrüßung, durch direktes Schauen in die Kamera, durch ›persönliche‹ Ansprache oder Aufmerksamkeitsappelle unmittelbar an die Zuschauer wenden.«[236]

Am Beispiel von Serienfiguren demonstriert Baeßler das Problem der Medienfigur: Sie richtet sich nicht persönlich an den Rezipienten.[237] Daraus folgert sie, dass direkte Adressierungen für eine PSI mit narrativen Figuren nicht notwendig, indirekte Ansprache also ausreichend sei. Wie genau sich »implizite Handlungsaufforderungen an die Zuschauer« darstellen, bleibt ungeklärt.[238]

Pette konstatiert, dass die sozialen Erfahrungen, die Leser im Zuge der Lektüre machen, sich nicht grundsätzlich von denen unterscheiden, die im regulären Raum stattfinden.[239] Es sind zur tiefergehenden Klärung von PSI während des Lesens zunächst Aspekte zu skizzieren, die soziale Interaktion im alltäglichen Leben bedingen.

234 Ebd., S.100.
235 Vgl. ebd., S.104–107.
236 Ebd., S.20.
237 Es existieren Gegenbeispiele. Man denke beispielsweise an die US-amerikanische Serie *House of Cards*, in der Kevin Spacey in der Rolle des intriganten, machthungrigen Politikers Francis Underwood mit Blick in die Kamera sein eigenes Vorgehen moderiert. Auch in Buchtexten kann eine direkte Adressierung erzeugt werden, insbesondere in subjektiver Erzählperspektive abgefassten, so beispielsweise in E. T. A. Hoffmanns *Lebensansichten des Katers Murr*. Diese Fälle stellen aber eher die Ausnahme als die Regel dar.
238 Baeßler: Medienpersonen als parasoziale Beziehungspartner, S. 95.
239 Pette: Psychologie des Romanlesens, S. 31.

Die sogenannte *joint attention* als Ausgangspunkt von Intersubjektivität schafft aus in derselben raumzeitlichen Umgebung befindlichen Subjekten sozial anschlussfähige Individuen, und zwar auf der Basis des beidseitigen Bewusstseins über die eigene Person (Ego), das Gegenüber (Alter Ego) und die geteilte Umwelt. Grundlage dieses Bewusstseins bildet das Zusammenspiel von körperlichen und kognitiven Prozessen.[240]

Körperliche Prozesse umfassen das Feuern von Spiegelneuronen in dem Moment, in dem eine Person Bewegungen eines anderen Menschen bezeugt. Auf dieser Aktivität basiert der *direct matching mechanism*, in dem Fremdbewegung mit dem eigenen Handlungsrepertoire verglichen und – sofern dem Beobachter entsprechende multimodale Repräsentationen und kognitive Modelle bereitstehen – simuliert werden.[241] Neuronale Sperrmechanismen sorgen indessen dafür, dass ein kritischer Schwellenwert der neuronalen Aktivität beim Beobachten der Bewegung Anderer nicht überschritten und keine motorische Aktion eingeleitet wird, die ohne eigene Simulation in einer bloßen Repetition der wahrgenommenen Bewegung münden würde.[242] Auf diese Weise ist der Mensch imstande, zunächst auf somatischer Ebene und schließlich durch weitere kognitive Prozesse – wie der Kontextualisierung gegenwärtiger und abwesender Faktoren – ein Verständnis hinsichtlich des Handlungswillens und der Absichten des Gegenübers zu entwickeln und eigene, darauf ausgerichtete Handlungen zu planen. Hierbei entsteht also die Unterscheidung zwischen Ego und Alter Ego.[243] Diese Unterscheidung ermöglicht die Ergänzung der »singuläre[n] 1. Person-Perspektive [...] durch eine plurale Wir-Perspektive«, die die Bedingung einer der *joint attention* nachfolgenden *joint action*, der gemeinsam koordinierten Handlung, ist.[244]

Worin besteht nun die implizite Adressierung des Lesers durch die narrative Figur? Zur Annäherung wird eine Aussage Hippels angeführt. Er betrachtet Personae als

eine der wichtigsten Möglichkeiten, Zuschauer in textuelle Beziehungen zu verwickeln, d. h., es geht nicht nur darum, Zuschauern Beziehungen zu den Personae selbst zu ermöglichen, die Persona hat vielmehr selbst

---

240 Vgl. Zaboura, Nadja: Das empathische Gehirn. Spiegelneurone als Grundlage menschlicher Kommunikation. Wiesbaden: VS Verlag 2009, S. 23 f. sowie 87 f.
241 Vgl. ebd., S. 60 sowie 67 f.
242 Vgl. ebd., S. 66.
243 Vgl. ebd., S. 108 sowie 112.
244 Vgl. ebd., S. 89.

auch die Aufgabe, dem Zuschauer den Zugang zum Text zu ermögli-
chen bzw. zu garantieren.[245]

Das Handeln des Protagonisten, vermittelt mithilfe diverser Ausprägungen der Erzählstimme, ist demnach nicht nur Gegenstand des Textes, es spannt zugleich den virtuellen Raum auf, in dem der Leser Präsenzempfinden ausbilden kann. Charakter- und Weltkonstruktion bedingen sich ebenso wechselseitig wie Figur und Zielsetzung. Der Leser begegnet im Buchtext nur jenen Auszügen der erzählten Welt, die als Stationen des Protagonisten auf seinem Weg zum narrativen Ziel relevant sind. Das Handeln des Protagonisten ist die implizite Adressierung an den Leser. Das Handeln der Figur ist verantwortlich für die Schaffung des ›gemeinsamen‹ Raumes, in dem der Leser durch Beobachtung der Figur diese als sozial anschlussfähige Person identifiziert. Es ist demnach der Grundstein der vom Leser empfundenen *joint attention*. Das dadurch induzierte Wir-Gefühl des Lesers führt zu parasozialer Interaktion, die von ihm als gemeinsame Handlung (*joint action*) wahrgenommen wird. Die von Baeßler angeführten ›affektiven, kognitiven und konativen Teilprozesse‹ realisieren sich auf dieser Grundlage. Das Handlungserleben des Lesers wird hier mithilfe der Drei-Faktoren-Empathie-Theorie und der darauf basierenden Suspense-Theorie Zillmanns expliziert.

Nach Zillmann basiert empathisches Verhalten auf der Verflechtung von drei Komponenten: Disposition, Erregung und Erleben. Mit der *Disposition* spricht er skelettal-motorische Aspekte an, die sich entweder als spontane Reaktion auf einen äußeren Reiz oder infolge einer erlernten Reiz-Reaktionsverbindung einstellen, wobei er betont, dass ein Gros der Reaktionen bereits erworben ist. Der in jedem Fall erforderliche äußere Reiz muss dabei nicht aus einer Konfrontation mit biologischen Personen bestehen, auch nichtikonische Zeichen – Sprache in sowohl mündlicher als auch schriftlicher Ausprägung – können entsprechendes Körperbefinden bewirken.[246] Dies deckt sich mit der Perspektive der Embodied Cognition, nach der auch Offline-Reize multimodale Repräsentationen ansprechen können, die dem Rezipienten durch Simulation sozial anschlussfähiges Verhalten ermögli-

245 Hippel, Klemens: Personae. Zu einer texttheoretischen Interpretation eines vernachlässigten
   Konzepts. In: Fernsehen als »Beziehungskiste«. Parasoziale Beziehungen und Interaktionen mit
   TV-Personen. Hrsg. von Peter Vorderer. Opladen: Westdeutscher Verlag 1996, S. 59. Zitiert nach
   Baeßler: Medienpersonen als parasoziale Beziehungspartner, S. 55.
246 Vgl. Zillmann: Empathy, S. 148.

chen.[247] Nach Caracciolo simuliert der Leser das Bewusstsein des Charakters in derselben Weise, in der er sich den virtuellen Raum durch Simulation erschließt: auf der Basis von Indizes, die der Text bereitstellt und auf der seiner eigenen Welterfahrung.[248] Indem Leser den körperlichen Zustand des Protagonisten durch motorische Simulation erfassen, aktivieren sie auch die Simulation affektiver Zustände, die nach ihren Erfahrungen mit dieser Bewegung (im spezifischen Kontext) verbunden sein können.[249] Hierin besteht der von Baeßler angeführte Teilprozess der *emotionalen Ansteckung*, dank der der Leser imstande ist, tieferes *Verständnis* für das körperliche und seelische Empfinden der Medienfigur zu entwickeln und auf deren Grundlage eine Antizipation der Handlung des Gegenübers, also die Ausbildung einer *Erwartungshaltung*, entsteht. Ebenso ermöglicht das Verstehen des Protagonisten – wie in der sozialen Interaktion – die Planung von eigener Handlung als Reaktion auf das Handeln der Medienfigur. Im Zuge der Mediensozialisierung lernen Menschen jedoch, den Vollzug von eigenen Folgereaktionen weitestgehend zu unterbinden.[250]

Mit der *Erregungskomponente* bezieht Zillmann sich auf die Fähigkeit von Affekten (wozu er auch Empathie zählt), neuronale Mechanismen in Gang zu setzen – hier insbesondere die Ansprache der sympathischen Nebennierenmark-Achse –, die in Stoffwechselprozesse münden, welche »den Organismus für energische Handlungen vorbereiten«.[251] Durch die Verstoffwechselung von Fettsäuren und Glucose wird Energie bereitgestellt; die Ausschüttung von Hormonen und Katecholaminen (Dopamin, Adrenalin, Noradrenalin) steuern die Aufrechterhaltung der Emotion bzw. deren Abebben.[252] Relevant ist dies in Hinblick auf die konativen Teilprozesse Baeßlers: Wie oben bereits dargestellt, werden eigene Reaktionen des Rezipienten als Antwort auf die Handlungen in der Regel durch einen neuronalen Sperrmechanismus unterdrückt. Diese Hemmschwelle kann jedoch durch den Einfluss der Hormone und Botenstoffe außer Kraft gesetzt werden, wenn diese durch intensive affektive Reize in größerer Menge freigesetzt

---

247 Vgl. Niedenthal u. a.: Embodiment in Attitudes, S. 191 f.
248 Vgl. Caracciolo: The Experientiality of Narrative, S. 104 f.
249 Vgl. Barsalou: Grounded Cognition, S. 630.
250 Vgl. Zillmann: The Psychology of Suspense, S. 213.
251 Zillmann, Dolf: Emotionspsychologische Grundlagen. In: Lehrbuch der Medienpsychologie. Hrsg. von Roland Mangold, Peter Vorderer und Gary Bente. Göttingen: Hogrefe 2004, S. 113.
252 Vgl. ebd.

werden.[253] Durch intensives empathisches Fühlen mit der und für die Medienfigur werden konative Teilprozesse, wie warnende Zurufe, Mimik oder Gestik, aktiviert. Diese sind äußerlich erkennbares Zeugnis der statthabenden parasozialen Interaktion, das auch für Leser dokumentiert wurde.[254]

Die *Erlebniskomponente* führt in drei Teilschritten zur Fortführung, Modifikation oder zum Abbruch der zuvor beschriebenen Komponenten. Zunächst wird der Rezipient sich der körperlichen und geistigen Prozesse der empathischen Reaktion und deren Bedeutung bewusst. Im Anschluss prüft er diese auf Angemessenheit, indem er das Handeln der Medienfigur mit seinen vorgeprägten Vorstellungen über sozial ›vertretbare‹ Anschlussfähigkeit abgleicht. Er will feststellen, ob die Handlungsweise der Persona seinen moralischen Ansprüchen genügt, ob es also moralisch gesehen legitim ist, mit der Medienfigur zu fühlen. Verhält die Medienfigur sich im Sinne des Lesers moralisch, wird die Entfaltung empathischen Erlebens bewusst zugelassen, bei negativem Bescheid werden empathische Prozesse ebenso bewusst unterbunden.[255] In dieser Weise bilden sich die von Baeßler angeführten Kategorien des *sozialen Vergleichs* und der *Bewertung* der Medienperson ab.

Baeßler führt an, dass parasoziale Interaktionen bei hoher Persistenz zu einer stabilen interpersonalen Bindung (PSB) des Rezipienten gegenüber der Medienperson führen können, die sowohl während der Rezeption als auch darüber hinaus wirksam ist.[256] Dem kann zumindest im Hinblick auf den laufenden Rezeptionsprozess Zillmanns Konzept des Spannungserlebens beigestellt werden, das auf den Komponenten seiner Drei-Faktoren-Empathie-Theorie fußt.[257]

Der Plot des Narrativs ist gegliedert in einzelne Szenen, in denen der Leser auf die Medienfigur trifft. Sie bilden die Grundlage der sich mehrfach wiederholenden parasozialen Interaktionen. In jeder einzelnen Szene wird im Zusammenspiel der Komponenten der Empathie-Theorie die Empathiewürdigkeit der Persona überprüft. Im Fall des Protagonisten wird sie idealerweise bestätigt, was die Sympathie des Rezipienten und dessen Wunsch fördert, die Medienfigur möge unbeschadet das gesetzte Ziel

---

253 Vgl. Zaboura: Das empathische Gehirn, S. 67.
254 Vgl. Graf: Der Sinn des Lesens, S. 50.
255 Vgl. Zillmann: Empathy, S. 149 f.
256 Vgl. Baeßler: Medienpersonen als parasoziale Beziehungspartner, S. 107.
257 Vgl. Zillmann: The Psychology of Suspense, S. 215.

erreichen.[258] Hierin besteht letztlich die vom Rezipienten wahrgenommene Bindung gegenüber der narrativen Figur.

Es ist zugleich Charakteristikum des Narrativs, dass der Medienfigur bzw. ihrer ›gerechten Sache‹ in jeder Szene Hemmnisse in Gestalt von Konflikten entgegengestellt werden, die eine Bedrohung der Persona darstellen und/oder das Scheitern ihrer Mission als real drohende Möglichkeit präsentieren.[259] Vor diesem Hintergrund definiert Zillmann Spannungserleben als unangenehme affektive Regung des Lesers, die (wie auch Empathie) selbst Erregungszustände bewirkt und aus dem Eindruck erwächst, dass die narrative Figur sich mit hoher Wahrscheinlichkeit nicht im Konflikt durchsetzen kann.[260] Sorge geht in Euphorie über, sobald der Konflikt befriedigend, also zugunsten des Protagonisten, gelöst wird oder aber in Dysphorie, sofern das Ergebnis der Konfliktauflösung als unbefriedigend empfunden wird. Beide bewirken (wie auch das Spannungserleben) Erregungszustände, die dem Leser Energie und Motivation liefern, die Lektüre fortzusetzen.[261]

Spannungserleben nach Zillmann steht in engem Zusammenhang mit seiner Theorie der Erregungsübertragung, welche besagt,

dass in der Regel die langsame Erregungsregulation (d.h. das Zurückfallen der Erregung auf das Grundniveau) die quasi sofortige kognitive Anpassung an Umweltveränderungen minutenlang, manchmal stundenlang überdauert.[262]

Das bedeutet, dass Rückstände ausgeschütteter Hormone und Katecholamine aktiv bleiben und sich in der folgenden Szene mit durch neuerliche Erregung ausgeschütteten Botenstoffen akkumulieren und so zu stärker ausgeprägtem emotionalen Erleben führen.[263] Unterbricht der Leser die Lektüre oder beendet er diese, normalisiert sich der Erregungszustand und aufgrund des

---

258 Vgl. Zillmann: The Psychology of Suspense, S. 207. Zillmann führt auch vertiefend aus, dass affektive Reaktionen sich nicht nur auf menschliche Protagonisten beschränken, sondern dass prinzipiell jedes Agens emotional anschlussfähig ist. Vgl. S. 208.

259 Vgl. ebd., S. 201.

260 Vgl. ebd., S. 216. Spannung wird nach Zillmann nicht nur dann erlebt, wenn Rezipienten unmittelbar der Handlung von Protagonisten ausgesetzt sind, sondern auch dann, wenn sie – in narrativen Seitenblicken auf die antagonistischen Kräfte und deren Handlung – die Formierung einer bedrohlichen Situation für den Protagonisten bezeugen.

261 Vgl. Zillmann: The Psychology of Suspense, S. 225–227.

262 Zillmann: Emotionspsychologische Grundlagen, S. 115.

263 Vgl. ebd., S. 116.

Ressourcenverbrauchs tritt ein Erschöpfungszustand ein. Dieser illustriert in der Wahrnehmung des Rezipienten die eigene ›Investition‹ in die parasoziale Interaktion und vermittelt den Eindruck eines eigenen Beitrags zur Konfliktlösung und damit einhergehend den einer gemeinsam mit dem Protagonisten koordinierten Handlung.[264]

Verglichen mit Erfahrungen, die Menschen im regulären sozialen Umfeld machen, sind soziale Reize, die zu Interaktion führen können, im narrativ konstruierten virtuellen Raum stark verdichtet. Dem Rezipienten wird damit prinzipiell ein tieferes Eindringen in die Privatsphäre des Alter Ego, der Medienfigur, möglich, worin ein großes Potenzial für verstärktes Intimitätsempfinden angelegt ist.[265] Bei der Rezeption von AV-Medien kann dieses Potenzial laut Zillmann allerdings nicht ausgeschöpft werden, da die beschleunigte Taktung der Stimulipräsentation die völlige Entfaltung der körperlichen und kognitiven Empathieprozesse unterbindet. Gleichzeitig wird durch die Effekte der Erregungsübertragung ein Zustand ›hysterischer‹ Erregung erzeugt, der das Aufnahme- und Verarbeitungsvermögen des Rezipienten zusätzlich begrenzt. In der Buchlektüre hingegen kann die Erlebnisqualität der parasozialen Interaktion und Beziehung durch die generell langsamer fließende Narration sowie das selbstbestimmte Lesetempo vom erhöhten Potenzial profitieren.[266]

Im Rahmen einer Studie aufgefordert, die Qualität der Beziehung zur TV-Lieblingspersona in Relation zu setzen zu der des ›besten Freundes‹ bzw. des ›guten Nachbarn‹, entschieden mehr Probanden, die PSB auf einem qualitativen Niveau mit der Beziehung zum guten Nachbarn anzusiedeln.[267] Berücksichtigt man die oben dargestellte optimalere Potenzialverwertung der Buchlektüre, so darf angenommen werden, dass die narrative Figur des Buchtexts dem Status des Freundes näher kommt als dem des Nachbarn.

3.2.3 Die parasoziale Dimension des Buchperitextes

Graf stellt einen *intimen Lesemodus* vor, als dessen Kerneigenschaft die Erlebnisdimension angeführt wird. Erlebt werden in diesem Modus vor allem »intensive Kommunikation bzw. Interaktion, veränderte Zeit- und Raumwahrnehmung, emotional sinnliches Empfinden, [...] [sowie] hohe

---

264 Vgl. Zillmann: The Psychology of Suspense, S. 227.
265 Vgl. Zillmann: Empathy, S. 159.
266 Vgl. ebd., S. 160–162.
267 Vgl. Baeßler: Medienpersonen als parasoziale Beziehungspartner, S. 108.

subjektive Beteiligung bzw. Präsenz«.[268] Die im gebundenen Narrativ eingeschlossenen Konstituenten *Medienrealität* und *soziale Realität*, die sozial-gesellschaftliche Konfigurationen und Orte umfassen, werden nicht nur extrahiert, also kognitiv erfasst, sondern auch mittels neuronaler Simulation erlebt. Mit diesen Aspekten haben sich die vorausgehenden Kapitel befasst.[269] Da das Buch hier jedoch als Heterotopie gefasst werden soll, können diese Kriterien des intimen Lesemodus nicht genügen. In ihm wird bislang nur das Erfahren und Erleben des eingebetteten sozialen Gegenstandes, des Narrativs, berücksichtigt, nicht jedoch des einbettenden Raumes, des Buchperitexts. Ein *heterotoper Lesemodus*, der den von Graf beschriebenen intimen Lesemodus umfasst, muss auch das Erleben des Peritexts berücksichtigen. Erst durch einen heterotopen Lesemodus wird das Buch letztlich zur Heterotopie.

Es wurde bereits vom ›Narrativ des Buchkörpers‹ gesprochen, der die Erfahrung des Buchtextes erweitert. Ebenso wurde dargestellt, dass Stimuli, die vom Peritext ausgehen, das Erleben der Lektüre beeinflussen. Es bleibt zu klären, inwiefern Buchperitexte zum parasozialen Erleben der Lektüre im Speziellen beitragen. Im Zentrum der folgenden Betrachtungen steht die Berührung von Buch- und Leserkörper.

Rautenberg benennt die taktile Wahrnehmung des Buches neben der visuellen als zentrale Erschließungsform.[270] Die taktile Erfahrung ist nach Gross die unmittelbarste Art von Welterfassung – das Fühlen ist im Gegensatz zum Sehen kein Fernsinn und vermittelt durch das gleichzeitige Sich-Selbst-Fühlen im Tasten und Greifen das faktische Existieren dessen, was wahrgenommen wird. Der Tastsinn benötigt nichts als den eigenen Körper und den Körper des Anderen, während Sehen und Hören durch physikalische Medien vermittelt sind.[271] Die taktile Wahrnehmung eines Körpers hat Apellfunktion, was heißt, dass Hautkontakt Aufmerksamkeit erregt,

---

268 Graf: Der Sinn des Lesens, S. 54.

269 Dem von Graf monierten Desiderat einer kognitionstheoretischen Aufarbeitung der »sinnlichen Potenz des Leseerlebnisses« wurde darin – zumindest in Ansätzen – Rechnung getragen. Siehe Graf: Der Sinn des Lesens, S. 56. Als Grundlage des intimen Modus betrachtet er die Anwendung spezieller Lesemechanismen und die Verfügung über bestimmte Aspekte der Lesekompetenz als Segmente der Rezeptionsmodalität. Darunter zählt er Offenheit gegenüber der Narration und damit das Absenken von Skepsis, Einfühlungsvermögen und -bereitschaft sowie die Schaffung eines geeigneten situativen Kontexts. Vgl. Graf: Der Sinn des Lesens, S. 58.

270 Vgl. Rautenberg: Das Buch in der Codexform, S. 290.

271 Vgl. Gross: Das Buch in der Hand, S. 181.

die auf den berührten Gegenstand gelenkt wird.[272] Die Berührung im interpersonellen Rahmen übt verschiedene weitere Funktionen aus. Zunächst
unterstützt sie die Differenzierung zwischen Ego und Alter Ego auf der
Grundlage des eigenen ›Körpergefühls‹. Gleichzeitig stützt sie in der Interaktion die Gewissheit, vom Gegenüber wahrgenommen zu werden, was die
Fortführung der Interaktion begünstigt.[273] In spezifischen, freundschaft-
lich-exklusiven Kontexten steigert Berührung das Empfinden von Intimität
zwischen den Interaktionspartnern.[274]

Die Bezeichnung des *intimen Lesemodus* wurde von Graf vor dem
Hintergrund gewählt, dass Leser, die Präsenzempfinden und parasoziale
Beziehung suchen, dies überwiegend in privaten Umgebungen tun, in
Settings, die gemeinhin als intim wahrgenommen werden. Er illustriert dies
anhand einer Lektürebiographie, die als phänotypisch vorgestellt wird:

> *Private Lektüre lese ich allein und ungestört. Ich kann es nicht haben,*
> *wenn Musik läuft oder Leute sich neben mir unterhalten, es muss still*
> *sein und ich muss mich unbeobachtet fühlen, damit es mir nicht peinlich*
> *ist, wenn ich laut auflache oder ganz sentimental und ergriffen bin, je*
> *nachdem, um was für ein Buch es sich handelt. Seit jeher finde ich, dass*
> *es sich (privat) am besten im Bett lesen lässt.*[275]

Leser schaffen sich also Schutzräume, innerhalb derer sie sich, fernab ihrer
Umwelt, ungestört und exklusiv einer Lektüre widmen können, durch die
sie sich in ihrem körperlichen Umfeld gewissermaßen ausgeliefert fühlen,
da gängige Kontrollmechanismen des eigenen Verhaltens zeitweilig abge-
stellt werden können. Gross spricht außerdem von der bewussten Schöp-
fung einer behaglichen Atmosphäre, in der »Außenumstände und innere
Disposition/Befindlichkeit« in Einklang gebracht werden.[276] Präferierte Orte
des Lesens sind laut ihr Bett und Sofa; Vielleser neigten jedoch auch dazu,
sich Leseplätze einzurichten, die ausschließlich diesem Zweck dienten.[277]

272 Vgl. Loenhoff, Jens: Hand und Haut. Zur Sozialpsychologie taktilen Wahrnehmens.
    In: Psychologie und Geschichte 8 (2000) 3/4, S. 272.
273 Vgl. Riedel: Berührungen als Medium für Vergemeinschaftung, S. 149.
274 Vgl. Loenhoff: Hand und Haut, S. 270.
275 Graf: Der Sinn des Lesens, S. 50.
276 Gross: Das Buch in der Hand, S. 179.
277 Vgl. ebd., S. 180. Die vom Leser gewählte Ort-Körper-Situativität wirkt hinein bis in die
    Körperhaltung, was auch heißt, dass der Buchkörper die vom Leser gewohnte Haltung
    unterstützen sollte.

Als Lesezeiten identifiziert Graf insbesondere Abend und Nacht, aber auch Tage, an denen Witterungsverhältnisse andere Aktivitäten ausschließen und somit die gemütliche Leseatmosphäre durch Kontrasterfahrung intensiviert wird.[278] Der Eintritt in den Leseprozess ist durch Gewohnheiten und rituelle Züge geprägt, wovon Gross das »Bereitstellen von Requisiten« hervorhebt (insbesondere solcher, die dem Verzehr dienen).[279] In der bereits oben auszugsweise zitierten Lesebiographie wird darüber hinaus der zeremonielle ›Schwellenübertritt‹ in die Buchwelt thematisiert:

Zu Hause habe ich stets eine Art ›Lesezeremonie‹. Ich fange an, mir den Umschlag anzusehen, lese den Klappentext, die Autorenbiografie (falls vorhanden), den Originaltitel, die einzelnen Kapitel. Dann überlege ich, was wohl passiert, worum es geht usw. Anschließend wird angefangen, das Buch von vorn bis hinten zu lesen.[280]

Im intimen Lesemodus wird vom Leser letztlich ein Kontext geschaffen, der sich mit dem Ausschluss von alternativen Aktivitäten und anderen Personen durch Privatheit und Exklusivität auszeichnet. Der Leser ›duldet‹ das Buch in Lebensräumen, in die fremde Personen üblicherweise keinen Zutritt erhalten. Die mit Blick auf das Buch quasi-soziale Konstruktion des Lesekontextes bewirkt eine spezifische Disposition des Lesers, die mentale Freiräume schafft, welche Präsenzempfinden und parasoziale Interaktion stützen.

Erfahrungen, die im Umgang mit realen Personen gemacht werden, manifestieren sich in einer multimodalen Repräsentation, die sich mitunter am visuell oder taktil erlebten Körper des Anderen festmachen. Einer Person zu begegnen, oder nur an sie zu denken, bewirkt eine Aktivierung des sozialen Wissens um diese.[281] Die internale virtuelle Welt und auch die Persona besitzen keine Körperlichkeit im klassischen Sinne, an die sich multisensorische Repräsentationen koppeln könnten. Daher erfolgt eine solche Kopplung von Erlebtem und Buchkörper. Der Buchkörper stellt sich dem Leser dann als eine konkrete Form des Mediums Buch dar, dessen (ihn von anderen Buchkörpern unterscheidende) Gestalt unauflöslich mit der zwischen Buch- und Leserkörper erzeugten virtuellen Welt und deren Bewohnern verbunden ist.

278 Vgl. Graf: Der Sinn des Lesens, S. 50.
279 Gross: Das Buch in der Hand, S. 180.
280 Graf: Der Sinn des Lesens, S. 50. Dies bezeugt auch die bereits angeführte Relevanz der Buchperitexte für den Aufbau des Situationsmodells.
281 Vgl. Niedenthal u. a.: Embodiment in Attitudes, S. 190–192.

Ein Effekt, der auch dadurch entsteht, dass »[d]as materielle Textobjekt [...] die Endlichkeit, Geschlossenheit und Struktur des Textes nicht nur anschaulich, sondern im Wortsinne be-greiflich [macht].«[282] Der gedruckte – und damit verbindliche – Codex verleiht dem beim Lesen Erfassten Realität und Authentizität innerhalb des vom Leser gewählten Settings. Aus der spezifischen Verflechtung von Buch- und Leserkörper, realem und virtuellen Raum, erwächst die soziale Berührung von Buch und Leser, die Rückwirkungen auf die parasoziale Interaktion hat, wenn diese auch nicht bewusst wahrgenommen werden. So betont auch Riedel, dass soziale Gegenstandsberührung nicht als bloße Kompensation von personeller Abwesenheit fungiert, sondern über eine Eigendynamik verfügt.[283]

Aus der sozialen Berührung von Leser und Buchkörper entsteht gewissermaßen eine soziale Aura des Buches. Auch geschlossen zeugt das gelesene Buch dem Leser vom anderen Raum und vom Alter Ego der parasozialen Interaktion, eben durch die Simulation der während der Lektüre angelegten multimodalen Repräsentation beim Erblicken oder Ertasten des Buches. Vor diesem Hintergrund können beispielsweise Phänomene des Büchersammelns ohne thematischen Schwerpunkt oder auch der Bibliophilie ohne kunsthandwerklichen Anspruch erklärt werden. Möglicherweise hat heterotopes Lesen auch zu der vielfach kolportierten Auffassung vom Buch als ›Lebewesen‹ beigetragen.

Es ist jedoch nicht nur das Buch, das sich gewissermaßen als Gesamtobjekt in den Leser einprägt; auch der Leser selbst hinterlässt Spuren. Dies können unbeabsichtigte Spuren sein, die sich beim Buchgebrauch ergeben (z. B. abgegriffenes Material, Verformung des Buchrückens) und/oder jene, die intentional dem Peritext beigefügt wurden (z. B. Exlibris, Widmungen). In jedem Fall stellen solche Dokumente von Buchnutzung und Buchbesitz die Exklusivität der Buch-Leser-Verbindung infrage (die im intimen Lesemodus angestrebt wird), sofern sie nicht vom aktuellen Leser stammen. Dies kann begrüßt und als Bereicherung der sozialen Lektüreerfahrung behandelt werden, wie Lucius es darstellt.[284] Oder aber es entstehen Abstoßungsreaktionen, wie Gross es in Bezug auf Bibliotheksbände beschreibt, wo

<hr>

282 Gross: Das Buch in der Hand, S. 183.
283 Vgl. Riedel: Berührungen als Medium für Vergemeinschaftung, S. 150.
284 Vgl. Lucius: Die Botschaft der Bücher, S. 85.

Vorstellungen von einer über das Buch übertragenen ›Intimität‹ voriger Nutzer den eigenen Schutzraum in ›ekelerregender‹ Weise antasten.[285]

Einen Eindruck von Realität vermittelt allerdings nicht nur die soziale Berührung; eine solche Wirkung erzielen auch ikonische Darstellungen im Peritext, insbesondere Charakterillustrationen oder Karten (wie im Fantasy-Genre üblich) oder auch narrativ-funktionale Typographie bzw. Buchgestaltung. In Reif Larsens *Die Karte meiner Träume* oder J. J. Abrams und Doug Dorsts *Das Schiff des Theseus* beispielweise können Zeichnungen und ›handschriftliche‹ Notizen in den Marginalien als Authentizitätszeugnisse der Medienfiguren im ›Realobjekt Buch‹ aufgefasst werden. Letzteres Beispiel kann sogar durch die Bespielung der gesamten Klaviatur von Buchgestaltung einen Eindruck von Echtheit erzeugen.[286] Ransom Riggs arbeitet in seiner *Peregrine*-Trilogie mit Fotografien, um die herum er den Buchtext entwickelte; auch dies kann die Glaubwürdigkeit von Medienfiguren stützen. Es fällt auf, dass die Autoren der hier angeführten Beispiele narrativ-funktionaler Typographie sämtlich einen Bezug zur Filmproduktion und im Laufe der letzten Jahre publiziert haben. Möglicherweise setzt sich – durch Einflüsse jenseits der klassischen Buchproduktion – die Erkenntnis durch, dass der intime/heterotope Lesemodus nicht per se gleichzusetzen ist mit dem (typographischen) Konzept linearen Lesens.

Einführend zur Betrachtung von Andersräumlichkeit im Medienkonsum wurde hier vom heterotopen Potenzial nicht nur des Buches, sondern implizit auch dem der tertiären Medien gesprochen, auf Basis der Tatsache, dass auch in ihrem Fall Formen der Fixierung von Narrativen vorgenommen werden. Diese Annahme ist angesichts der Ausführungen über die Bedeutung von körperlicher Wahrnehmung des heterotopen Materialraums zu korrigieren. Die Mediennutzungsforschung hat die Konzepte um narratives Verstehen, Präsenzerleben – kurz: virtuellen Raum – und parasoziale Interaktion/Beziehung im Hinblick auf tertiäre Medien entwickelt. Die Fähigkeit von Film, Hörspiel, Gaming & Co., virtuelle Realitäten zu konstituieren und parasoziale Bezugsformen zu initiieren, soll hier auch nicht infrage gestellt werden; ihr heterotopes Potenzial angesichts zweier gravierender Mängel hingegen schon.

---

285 Vgl. Gross: Das Buch in der Hand, S. 187.

286 ›Erzählt‹ wird in den Marginalien von zwei Personen, die sich schriftlich durch Kommentare in den Marginalien eines Bibliotheksbandes verständigen. Das dem Leser vorliegende Buch ist dem Buch der Erzählung durch diverse Gestaltungselemente – Einbandmaterial, Vorsatz mit Bibliotheksstempel, Signaturaufkleber etc. – nachempfunden.

Zunächst ist völlig unklar, was genau der Materialort beispielsweise eines Filmes sein soll – die CD, auf der sich die Daten befinden? Der Datensatz auf einem PC? Das Abspielgerät oder der ihm angeschlossene Vorführungsapparat? Ohne klar definierten Materialort liegt keine Heterotopie vor, denn hieraus ergibt sich das zweite Manko: Es besteht keinerlei verbindliche Beziehung zwischen Narrativ und dem Ort seiner Entfaltung. Eine einzige Abspieleinrichtung kann zahllose Narrative präsentieren, ein Narrativ kann auf verschiedensten Abspieleinrichtungen vorgeführt werden. Eine Kopplung der Erfahrung von virtuellem Raum/parasozialer Beziehung und heterotopem Körper ist somit nicht möglich. Selbst dann nicht, wenn, wie im Fall von Videospielen, eine permanente Körperbeziehung von Rezipient und virtuellem Raum/Avatar über einen Mittlergegenstand (den Controller etc.) besteht, der seinerseits das Problem der fehlenden Verbindlichkeit kontinuiert. Dies alles gilt auch für das E-Book, das mit der unwiderruflichen Verbindung von Text und Buchkörper mittels Buchgrammatik bricht.

Das Zusammenspiel von Erleben des heterotopen Ortes (Buchperitext) und Erleben des heterotopen Prozesses (Virtualität und soziale Prozesse) begründet das Surplus, das den gedruckten Codex von seinen Medienkonkurrenten abhebt.

4 FAZIT

Bevor Foucault zur detaillierteren Beschreibung der Charakteristika der Heterotopien übergeht, bestimmt er drei ihrer wesentlichen Merkmale, auch deshalb, weil nicht jede der folgenden Ausprägungen vorliegen muss, um heterotopen Status zu gewährleisten. Um die losen Enden zu fügen, werden diese ›wesentlichen Merkmale‹ nun aufs Buch angewandt.

Erstens: Ist das Buch ein körperlich erfassbarer Raum, der zum ›institutionellen Bereich der Gesellschaft‹ gehört? Ja. In der Buchbranche befasst man sich produktionsseitig mit der Erstellung des Materialobjekts Buch, der konkreten Buchform also, unter selektivem Zugriff auf das Medium Buch. Distributionsseitig garantiert man die Wirkmächtigkeit der konkreten Buchformen, indem man sie öffentlich bereitstellt. Selbiges leisten branchenfremde Stützsysteme, beispielsweise Bibliotheken, Archive, Schulen etc., sofern politische Einflusssysteme sie darin unterstützen. Sowohl das Medium Buch als auch jede konkrete Buchform sind demnach Gegenstand gesellschaftlicher Einrichtungen, was bedeutet, dass beide institutionalisiert sind. Heterotoper Körper ist aber das Materialobjekt Buch, das mit den oben genannten gesellschaftlichen Räumen vielschichtige Beziehungen eingeht.

Zweitens: Ist das Buch diskursiv überformt? Ja. Bereits einzelne Aspekte der Buchkonstitution sind klar durch (Fach-)Diskurse entstanden. Die Form des Narrativs ist kein Faktum aus sich heraus, sie richtet sich vielmehr nach kulturell geprägten, also verhandelten Mustern und kann demnach Wandlungen unterliegen; dasselbe gilt für Typographie und Buchästhetik. Aber auch darüber hinaus wird das Medium Buch, wie auch einzelne Buchformen, auf der Basis geteilter Normen und Werte evaluiert. Aus dem Diskurs erwächst die auf gesellschaftliche Zwecke ausgerichtete Bedeutung des Buches, insbesondere im Hinblick auf Medienkonkurrenz und -konvergenz. Daraus speisen sich nicht nur Zielsetzungen und Wertzuschreibungen, sondern auch die Unterstützung (oder Restriktion) des Buches in institutionellen Kontexten und – wichtiger noch – durch Lesesozialisierung vermittelte Wirkungszuschreibungen und Rezeptionsmodalitäten, die eine Nutzung der Heterotopie Buch in einer dafür vorgesehenen Art und Weise ermöglicht. In der diskursiven Überformung sind also bereits zwei der Grundsätze, die Foucault formuliert, inbegriffen: Die Gestaltung der Heterotopien kann in unterschiedlichen Gesellschaften unterschiedliche Formen annehmen und ist auch in ein- und derselben Gesellschaft kein unwandelbares Konstrukt.

Drittens: Ist im Buch ein bereits existierender sozialer Prozess in spezifischer, exklusiver Verbindung und Funktionsweise eingebettet? Ja. Berücksichtigt ist innerhalb der eingangs vorgenommenen Eingrenzungen die Narration, die sehr viel länger in der mündlichen als in der schriftlichen Tradition steht. Die Narration referiert grundsätzlich unter Anwendung von Anlehnung, Typisierung und Verfremdung auf eine ›Wirklichkeit‹, die sich aus Medienrealität und sozialer Realität zusammensetzt und die ihrerseits sozial-gesellschaftliche, lokal gebundene Verhältnisse und Örtlichkeit generell umfasst. In der oralen Tradition von Narration besteht ein direkter Zusammenhang zwischen der realen und der narrativ vermittelten Welt, der sich primär darin äußert, dass ›Realität‹ die erzählte Welt durch die Möglichkeit direkter sozialer Anschlussreaktionen erneut inkorporieren kann. Der im Buchkörper fixierte Narrativ entzieht sich dem, wodurch die in ihm eingeschlossene erzählte Realität – bestehend aus Personen, gesellschaftlichen Verhältnissen und Orten – Eigenweltlichkeit ausbildet. Sie existiert unabhängig von der Wirklichkeit, die sie hervorgebracht hat und bleibt unveränderlich bestehen. Der soziale Prozess, der dem Leser im Buch dargeboten wird, ist der Kontakt mit einer von der Wirklichkeit unabhängigen Realität.

Es wird deutlich, dass das Buch heterotope Eigenschaften besitzt. Zu klären bleibt allerdings eine weitere – von Foucault mittels der letzten vier Grundsätze implizit formulierte – Dimension: Der Erlebnisprozess innerhalb der Heterotopie. Dieser Aspekt steht im Fokus der vorliegenden Arbeit.

Im dritten Grundsatz führt Foucault die medialen Qualitäten von Heterotopien an, mithilfe derer sie als Vorführungsräume gleichsam Räume des Vorgeführten bilden und darin über die eigene Räumlichkeit hinausweisen. Das besondere Erkenntnisinteresse dieser Arbeit besteht darin, ob das Buch genau dies leisten kann. Während die Konzepte des Präsenzempfindens und des parasozialen Engagements mit größter Selbstverständlichkeit auf tertiäre Medien angewandt werden, bleibt das Buch in derartigen Betrachtungen außen vor. Das ist auch darauf zurückzuführen, dass die Buchlektüre in der Leseforschung bisher hauptsächlich hinsichtlich der kognitiven Erfassungsprozesse untersucht wurde – beispielsweise im Konzept des Leseverstehens, auf dem das des narrativen Verstehens basiert –, nicht aber im Hinblick auf die ›sinnliche Potenz des Leseerlebnisses‹. So wird die vermeintliche Minderleistung des Buches mit Blick auf seine Vermittlungsfähigkeit in den Medienwissenschaften mühelos kolportiert. Wie aus den hier vorgenommenen Darstellungen jedoch deutlich hervorgehen sollte, ist ein heterotoper Lesemodus, der nicht nur das Erfahren, sondern auch das Erleben der narrativen Wirklichkeit ermöglicht, nicht als bloßes Hirngespinst sentimentaler Buchliebhaber oder einer um Aufmerksamkeit für das Medium Buch werbenden Buchbranche abzutun. Ergebnisse der Kognitionswissenschaft rund um das Konzept der Embodied Cognition weisen klar darauf hin, dass das Lesen – trotz der abstrakten Natur sprachlicher Zeichen – als Stimuluslieferant hinsichtlich der Qualität der daraus resultierenden sinnlichen Wahrnehmung nicht hinter visuellen oder auditiven Reizen tertiärer Medien zurücksteht.

Heterotopes Lesen heißt: Die im Buchnarrativ eingeschlossene, alternative Realität – samt Personen, sozialem Gefüge und Örtlichkeit – zu dekodieren und zu erleben. Die in der Mediennutzungsforschung oftmals implizit vorhandene Trennung von räumlichem und (para)sozialem Erleben ist dabei kritisch zu betrachten. Wie in der sozialen Interaktion besteht auch in der parasozialen ein Konnex aus Intersubjektivität und common ground, zu dem auch ein Konsens über die Wahrnehmung eines geteilten Raumes gehört. Räumliches Präsenzempfinden ist daher die Basis für soziales Präsenzempfinden. Zugleich erfüllt sich darin der vierte Grundsatz Foucaults: der Vollzug des Bruchs mit der traditionellen Zeit. Leser, die im virtuellen Raum ›existieren‹, erleben die Zeit dieses Raumes, nicht mehr die des Raumes, in dem ihr Körper situiert ist.

Phänomene wie Präsenzempfinden oder parasoziales Engagement als medizinisch bedenkliche Zustände von Rezipienten zu verunglimpfen, wie es ebenfalls in der Mediennutzungsforschung geschieht, wird dem höchst komplexen Vorgang, der im Übrigen im natürlichen Welterfassungssystem des Menschen angelegt ist, nicht gerecht. Zudem berücksichtigt sie nicht die Intentionalität auf Produktions- und Rezeptionsseite. Indem der Autor bei der Konstruktion des Buchtextes und das produktionsseitige Segment der Buchbranche bei der Erstellung der Buchperitexte sowohl die gesellschaftlich-diskursiv übertragenen Rezeptionsmodalitäten als auch ihre Anwendungsperspektiven beim Lesen berücksichtigen, ergeht im narrativen Buch ein klares Angebot zur heterotopen Lektüre. Ebenso bewusst wie das Angebot gestellt wird, wird es wahrgenommen. Foucault spricht im fünften Grundsatz von der Notwendigkeit der bewussten Schwellenübertretung, die das Heterotopie-Erleben vom Alltag differenziert. Wie gezeigt werden konnte, vollziehen Leser im Vorfeld der heterotopen Lektüre eine Art rituellen Schwellenübertritt, indem sie zu bestimmten Tageszeiten eine für sie spezifische »Ort-Körper-Situativität«[287] schaffen und quasi-zeremonielle Handlungen vollziehen.

Im sechsten Grundsatz betrachtet Foucault die Funktionalität der Heterotopie in Bezug auf den sie umgebenden Raum. In Anbetracht von sozialem Spannungserleben und verdichteten sozialen Reizen ist das Buch eher am Pol der illusorischen denn am Pol der kompensatorischen Heterotopie anzusiedeln, was bedeutet, dass das Buch geeignet ist, das Bedürfnis des Lesers nach intensiverem emotional-sinnlichem Erleben zu befriedigen.

Heterotopes Lesen umfasst auch das ›Lesen‹ von Buchperitexten und -epitexten, die einen Beitrag zur Inferenzbildung leisten. Der Peritext beeinflusst darüber hinaus das sinnliche Erleben des Narrativs, indem das Lektüreerlebnis durch seine Gestaltungs- und Materialeigenschaften affektiv eingefärbt wird. Schlussendlich verleiht die soziale Berührung von Buch- und Leserkörper dem virtuellen Raum und seinen Bewohnern Realität in der momentanen ›Ort-Körper-Situativität‹ des Lesers – und späterhin in dessen Bücherregal – und vermittelt Authentizität. Der Heterotopie-Status des Buches basiert damit nicht nur auf dem Erleben des heterotopen sozialen Prozesses, sondern auch auf dem des Materialobjekts, was letztlich eine implizite Bedingung für das Vorliegen einer Heterotopie bildet. Der Heterotopie-Status tertiärer Medien scheitert am letzten Punkt: Ihre virtuellen Welten sind zwar in abstrakter Weise fixiert, jedoch nicht in konkreter. Aufgrund der technischen Beliebigkeit der Präsentation ist der virtuelle Raum des tertiären Mediums im Grunde entleibt. Das Buch als Heterotopie bildet damit einen Sonderfall in der Medienrezeption.

287 Gross: Das Buch in der Hand, S.179.

Die übergreifende Frage ist die, ob dem Buch das Leistungsvermögen einer Heterotopie tatsächlich inhärent ist oder ob etwaiges Andersweltempfinden der Leser als bloße Zuschreibung an das Medium aufgefasst werden muss. Diese Frage muss mit einem ›Sowohl-als-auch‹ beantwortet werden. Bis zum Statthaben des heterotopen Lesens liegt lediglich ein heterotopes Potenzial des Buches vor, so lange bleibt es also Wirkungszuschreibung des Lesers. Erst durch eine gelungene Buchtext-Leser-Passung wird das heterotope Potenzial des Buches auch entfaltet. Diese Passung wird wesentlich beeinflusst von der Lesekompetenz des Rezipienten, nämlich dessen Wissen um literarische Darbietungsformen im Speziellen und seine Lebenserfahrung im Hinblick auf kognitive Schemata und multimodale Repräsentationen im Allgemeinen. Abschließend ist anzumerken, dass nicht jede Lektüre narrativer Bücher im heterotopen Lesemodus erfolgt; dieser ist entschieden durch Freiwilligkeit gekennzeichnet.[288] ›Zwang‹ ist beispielsweise gegeben in institutionellen Kontexten – verpflichtende Lektüre in Schule und Studium – oder in sozialen, beispielsweise, wenn infolge einer persönlichen Buchempfehlung gelesen wird, auch wenn keine Passung vorliegt.

Diese Arbeit möchte als Beitrag zur Forschung über die sozialen Dimensionen des Buchlesens verstanden werden, der helfen soll, Brücken zwischen Mediennutzungsforschung, Kognitionswissenschaft und Buchwissenschaft zu schlagen.

Ganz klar ergibt sich aus der Begrenzung auf die Online-Perspektive heterotopen Lesens auch die Notwendigkeit, in möglichen zukünftigen Betrachtungen die Offline-Perspektive hinzuzuziehen. Beispielsweise kann anhand der Modellierungen von parasozialen Beziehungen auch von stützenden Faktoren außerhalb der Buchdeckel gesprochen werden, in Gestalt von Peergroups etc.

Auch die im Vorfeld zahlreich vorgenommenen thematischen Ab- und Eingrenzungen sowie die Schwerpunktsetzung auf den Leseprozess verdeutlichen, dass das hier bearbeitete Thema reichlich Potenzial für vertiefende und erweiternde Betrachtung bietet. Zwar wurde – als weiteres Beispiel möglicher Ansatzpunkte – oben von einer Befriedigung des Leserbedürfnisses nach intensiverem emotional-sinnlichen Erleben gesprochen – welche auf die Gesellschaft ausgerichtete Funktion solches Lesen hat oder wie es konkret funktionalisiert werden kann, ist jedoch offen.

288 Vgl. Graf: Der Sinn des Lesens, S. 121.

Ebenso ist zu hinterfragen, ob tatsächlich nur das narrative Buch eine Heterotopie sein kann. Wenn bereits Paratexte des Buches dazu beitragen, heterotopes Potenzial aufzubauen, ist es dann nicht auch denkbar, dass Sach- und Fachbuchtexte einen virtuellen Raum mit Lehrenden und Schülern aufspannen, in dem Weitergabe von Wissen eine soziale Interaktion darstellt?

QUELLEN- UND LITERATURVERZEICHNIS

Quellen

Apparat. In: Duden online. Startseite. Wörterbuch.
 URL: http://www.duden.de/rechtschreibung/Apparat [12.01.2017].
Defert, Daniel: Raum zum Hören. In: Die Heterotopien. Der utopische
 Körper. Zwei Radiovorträge. Übersetzt von Michael Bischoff (suhrkamp
 taschenbuch wissenschaft 2071). 2. Aufl. Berlin: Suhrkamp 2014, S. 67–92.
Foucault, Michel: Von anderen Räumen. In: Raumtheorie. Grundlagentexte
 aus Philosophie und Kulturwissenschaften (suhrkamp taschenbuch
 wissenschaft 1800). Hrsg. von Jörg Dünne und Stephan Günzel.
 Frankfurt a. M.: Suhrkamp 2006, S. 317–327.
Foucault, Michel: Die Heterotopien. In: Die Heterotopien. Der utopische
 Körper. Zwei Radiovorträge. Übersetzt von Michael Bischoff (suhrkamp
 taschenbuch wissenschaft 2071). 2. Aufl. Berlin: Suhrkamp 2014, S. 7–22.
Frey, James N.: Wie man einen verdammt guten Roman schreibt. Köln:
 Emons 1993.
Johansson, Kaj/Lundberg, Peter/Ryberg, Robert: Printproduktion well done!
 3. kompl. überarb. und erw. Aufl. Mainz: Verlag Hermann Schmidt 2008.
Lobeck, Monika (Red.): Brockhaus Kreatives Schreiben. Vom leeren Blatt
 zum fertigen Text. Gütersloh/München: F.A. Brockhaus 2013.
Wehling, Elisabeth: Politisches Framing. Wie eine Nation sich ihr Denken
 einredet – und daraus Politik macht (edition medienpraxis 14). Köln:
 Halem 2016.
Willberg, Hans Peter/Forssman, Friedrich: Lesetypografie. Mainz: Verlag
 Hermann Schmidt 2010.

Forschungsliteratur

Aelker, Lisa: Uses-and-Gratifications-Ansatz. In: Medienpsychologie. Schlüsselbegriffe und Konzepte. Hrsg. von Nicole Krämer u. a. 2. überarb. und erw. Aufl. Stuttgart: Kohlhammer 2016, S. 17–24.

— Präsenzerleben. In: Medienpsychologie. Schlüsselbegriffe und Konzepte. Hrsg. von Nicole Krämer u. a. 2. überarb. und erw. Aufl. Stuttgart: Kohlhammer 2016, S. 172–179.

Assmann, Jan: Im Schatten junger Medienblüte. Ägypten und die Materialität des Zeichens. In: Materialität der Kommunikation (suhrkamp taschenbuch wissenschaft 750). Hrsg. von Hans Ulrich Gumbrecht und Ludwig Pfeiffer. Frankfurt a. M.: Suhrkamp 1988, S. 141–160.

Bader, Markus: Leseverstehen und Sprachverarbeitung. In: Lesen. Ein interdisziplinäres Handbuch. Hrsg. von Ursula Rautenberg und Ute Schneider. Berlin/Boston: De Gruyter 2015, S. 141–168. DOI: 10.1515/9783110275537-008 [09.10.2016].

Baeßler, Berit: Medienpersonen als parasoziale Beziehungspartner. Ein theoretischer und empirischer Beitrag zu personazentrierter Rezeption. Baden-Baden: Nomos 2009.

Barsalou, Lawrence W.: Grounded Cognition. In: Annual Review of Psychology 59 (2008), S. 617–645. DOI: 10.1146/annurev. psych.59.103006.093639 [10.01.2017].

Betten, Anne/Fix, Ulla/Wanning, Berbeli: Sprache in der Literatur. In: Handbuch Sprache und Wissen (Handbücher Sprachwissen 1). Hrsg. von Ekkehard Felder und Andreas Gardt. Berlin/Boston: De Gruyter 2015, S. 455–474. DOI: 10.1515/9783110295979.455 [09.10.2016].

Binczek, Natalie/Dembeck, Till/Schäfer, Jörgen (Hrsg.): Handbuch Medien der Literatur. Berlin/Boston: De Gruyter 2013. DOI: 10.1515/9783110295573 [09.10.2016].

Bonfadelli, Heinz: Zur Konstruktion des (Buch-)Lesers. Universitäre Kommunikationswissenschaft und angewandte Medienforschung. In: Sinn und Unsinn des Lesens. Gegenstände, Darstellungen und Argumente aus Geschichte und Gegenwart. Hrsg. von Axel Kuhn und Sandra Rühr. Göttingen: V&R unipress 2013, S. 161–179. DOI: 10.14220/9783737001281 [09.10.2016].

— Buch, Buchlesen und Buchwissenschaft aus publizistikwissenschaftlicher Perspektive. In: Buchwissenschaft – Medienwissenschaft. Ein Symposion

(Buchwissenschaftliche Forschungen 4/2004). Hrsg. von Dietrich Kerlen. Wiesbaden: Harrassowitz 2004, S. 91–110.

Brem, Silvia/Maurer, Urs: Lesen als neurobiologischer Prozess. In: Lesen. Ein interdisziplinäres Handbuch. Hrsg. von Ursula Rautenberg und Ute Schneider. Berlin/Boston: De Gruyter 2015, S. 117–140. DOI: 10.1515/9783110275537-008 [09.10.2016].

Bülow, Bianka: Gesellschaft, Medien und Umwelt. Der Einfluss der Massenmedien auf die Entstehung des ökologischen Bewusstseins in Deutschland. Hamburg: Diplomica 2012.

Bunia, Remigius: Die Stimme der Typographie. Überlegungen zu den Begriffen »Erzähler« und Paratext, angestoßen durch die Lebens-Ansichten des Katers Murr von E. T. A. Hoffmann. In: Poetica. Zeitschrift für die Sprach- und Literaturwissenschaft 37 (2005), S. 373–392.

Busselle, Rick/Bilandzic, Helena: Fictionality and Perceived Realism in Experiencing Stories: A Model of Narrative Comprehension and Engagement. In: Communication Theory 18 (2008), S. 255–280.

Caracciolo, Marco: The Experientiality of Narrative. An Enactivist Approach. Berlin/Boston: De Gruyter 2014.

Chlada, Marvin: Heterotopie und Erfahrung. Abriss der Heterotopologie nach Michel Foucault. Aschaffenburg: Alibri 2005.

Christmann, Ursula: Lesen als Sinnkonstruktion. In: Lesen. Ein interdisziplinäres Handbuch. Hrsg. von Ursula Rautenberg und Ute Schneider. Berlin/Boston: De Gruyter 2015, S. 169–184. DOI: 10.1515/9783110275537-010 [09.10.2016].

Dehm, Ursula u. a.: Bücher – »Medienklassiker« mit hoher Erlebnisqualität. In: Media Perspektiven 10 (2005), S. 521–534.

De Jong, Ralf: Typographische Lesbarkeitskonzepte. In: Lesen. Ein interdisziplinäres Handbuch. Hrsg. von Ursula Rautenberg und Ute Schneider. Berlin/Boston: De Gruyter 2015, S. 233–256. DOI: 10.1515/9783110275537-013 [09.10.2016].

Elia-Borer, Nadja u. a.: Einleitung. In: Heterotopien. Perspektiven der intermedialen Ästhetik (MedienAnalysen 15). Hrsg. von Nadja Elia-Borer u. a. Bielefeld: Transcript 2013, S. 15–35.

Fischer, Ernst: Von der Schönheit des Buches. Elemente anspruchsvoller Buchgestaltung, am Beispiel der »Anderen Bibliothek«. In: Buch- und Provenienzforschung. Festschrift für Murray G. Hall zum 60. Geburtstag. Hrsg. von Gerhard Renner. Wien: Praesens 2009, S. 77–96.

Foucault, Michel: Die Ordnung der Dinge. Eine Archäologie der Humanwissenschaften. In: Michael Foucault. Die Hauptwerke. Mit einem Nachwort von Axel Honneth und Martin Saar. Frankfurt a. M.: Suhrkamp 2008, S. 7–469.

Franck, Georg: Das Buch. Eine aussterbende Spezies? In: Neues vom Buch (Angewandte Literaturwissenschaft 11). Hrsg. von Doris Moser, Arno Russegger und Constanze Drumm. Innsbruck: Studienverlag 2011, S. 157–162.

Genette, Gérard: Paratexte. Das Buch vom Beiwerk des Buches (suhrkamp taschenbuch wissenschaft 1510). Frankfurt a. M.: Suhrkamp 2001.

Giles, David C.: Parasocial Relationships. In: Characters in Fictional Worlds. Understanding Imaginary Beings in Literature, Film, and Other Media (Revisionen Grundbegriffe der Literaturtheorie 3). Hrsg. von Jens Eder, Fotis Jannidis und Ralf Schneider. Berlin/New York: De Gruyter 2010, S. 442–456.

Glaser, Manuela: Narratives Verstehen. In: Medienpsychologie. Schlüsselbegriffe und Konzepte. Hrsg. von Nicole Krämer u. a. 2. überarb. und erw. Aufl. Stuttgart: Kohlhammer 2016, S. 131–138.

Graf, Werner: Der Sinn des Lesens. Modi der literarischen Rezeptionskompetenz (Leseforschung 1). Münster: LIT Verlag 2004.

Gross, Sabine: Das Buch in der Hand. Zum situativ-affektiven Umgang mit Texten. In: Leseverhalten in Deutschland im neuen Jahrtausend. Eine Studie der Stiftung Lesen. Hrsg. von der Stiftung Lesen und dem Spiegel-Verlag. Hamburg: Spiegel 2001, S. 175–197.

Haarmann, Harald/Metz, Bernhard/Zons, Alexander: Type. In: Handbuch Medien der Literatur. Hrsg. von Natalie Binczek, Till Dembeck und Jörgen Schäfer. Berlin/Boston: De Gruyter 2013, S. 125–144. DOI: 10.1515/9783110295573.125 [09.10.2016].

Herbst, Dieter/Maisch, Bettina: Die wirkungsvolle Buchgestaltung. Wissenschaftliche Erkenntnis und Konsequenzen. In: Buchgestaltung. Ein interdisziplinäres Forum. Tagung der Internationalen Buchwissenschaftlichen Gesellschaft. St. Gallen 13.–14. Juni 2008 (Buchwissenschaftliche Forschungen 9). Hrsg. von Cornel Dora. Wiesbaden: Harrassowitz 2009, S. 159–168.

Hickethier, Knut: Einführung in die Medienwissenschaft. 2. akt. und überarb. Aufl. Stuttgart: J. B. Metzler 2010.

— Ist das Buch überhaupt ein Medium? Das Buch in der Medienwissenschaft. In: Buchwissenschaft – Medienwissenschaft. Ein Symposion (Buchwissenschaftliche Forschungen 4/2004). Hrsg. von Dietrich Kerlen. Wiesbaden: Harrassowitz 2004, S. 39–60.

Jäger, Ludwig: Medialität. In: Handbuch Sprache und Wissen (Handbücher Sprachwissen 1). Hrsg. von Ekkehard Felder und Andreas Gardt. Berlin/ Boston: De Gruyter 2015, S. 106–122.
DOI: 10.1515/9783110295979.106 [09.10.2016].

Kerlen, Dietrich: Vorwort. In: Buchwissenschaft – Medienwissenschaft. Ein Symposion (Buchwissenschaftliche Forschungen 4/2004). Hrsg. von Dietrich Kerlen. Wiesbaden: Harrassowitz 2004, S. VII–VIII.

Kidd, David Comer/Castano, Emanuele: Reading Literary Fiction Improves Theory of Mind. In: Science 342 (2013) 6156, S. 377–380.
DOI: 10.1126/science.1239918 [12.12.2016].

Klass, Tobias: Heterotopie. In: Foucault-Handbuch. Leben – Werk – Wirkung. Hrsg. von Clemens Kammler, Rolf Parr und Ulrich Johannes Schneider. Stuttgart/Weimar: J. B. Metzler 2008, S. 263–266.

Kleiner, Marcus S.: Medien-Heterotopien. Diskursräume einer gesellschaftskritischen Medientheorie (Cultural Studies 22). Diss. phil. Universität Duisburg-Essen 2006. Bielefeld: Transcript 2006.

Krämer, Nicole u. a. (Hrsg.): Medienpsychologie. Schlüsselbegriffe und Konzepte. 2. überarb. und erw. Aufl. Stuttgart: Kohlhammer 2016.

Krämer, Nicole C./Szczuka, Jessica M.: Soziale Vergleichsprozesse. In: Medienpsychologie. Schlüsselbegriffe und Konzepte. Hrsg. von Nicole Krämer u. a. 2. überarb. und erw. Aufl. Stuttgart: Kohlhammer 2016, S. 303–309.

Kübler, Hans-Dieter: Mediale Kommunikation (Grundlagen der Medienkommunikation 9). Tübingen: Niemeyer 2000.

Loenhoff, Jens: Hand und Haut. Zur Sozialpsychologie taktilen Wahrnehmens. In: Psychologie und Geschichte 8 (2000) 3/4, S. 261–280.

Lucius, Wulf D. von: Bücher sind mehr als Texte. In: Vom Eigensinn des Buches. Warum schnelle Zeiten langsame Medien brauchen. Hrsg. von Johann-Friedrich Huffmann und Almut Röper. Berlin: Alert 2010, S. 60–77.

— Die Botschaft der Bücher jenseits des Textes. In: Perspektiven der Buch- und Kommunikationskultur. Hrsg. von Joachim Krape und Hermann-Arndt Riethmüller. Tübingen: Osiander 2000, S. 77–88.

Migon, Krzysztof: Das Buch als Gegenstand wissenschaftlicher Forschung. Buchwissenschaft und ihre Problematik (Buchwissenschaftliche Beiträge aus dem Deutschen Bucharchiv München 32). Wiesbaden: Harrassowitz 1990.

Muth, Ludwig: Leseglück als Flow-Erlebnis. In: Leseglück. Eine vergessene Erfahrung? Hrsg. von Alfred Bellebaum und Ludig Muth. Opladen: Westdeutscher Verlag 1996, S. 57–86.

Niedenthal, Paula M. u. a.: Embodiment in Attitudes, Social Perception, and Emotion. In: Personality and Social Psychology Review 9 (2005) 3, S. 184–211. DOI: 10.1207/s15327957pspr0903_1 [10.01.2017].

Pette, Corinna: Psychologie des Romanlesens. Lesestrategien zur subjektiven Aneignung eines literarischen Textes. Diss. phil. Universität Freiburg 1999/2000. Weinheim: Juventa 2001.

Plachta, Bodo: Zensur (Reclams Universal-Bibliothek 17660). Stuttgart: Reclam 2006.

Rau, Susanne: Räume. Konzepte, Wahrnehmungen, Nutzungen (Historische Einführungen 14). Frankfurt a. M.: Campus 2013.

Rautenberg, Ursula/Wetzel, Dirk: Buch (Grundlagen der Medienkommunikation 11). Tübingen: Niemeyer 2001.

Rautenberg, Ursula: Das Buch in der Alltagskultur. Eine Annäherung an zeichenhaften Buchgebrauch und die Medialität des Buches (Alles Buch – Studien der Erlanger Buchwissenschaft XV/2005). URL: https://opus4.kobv.de/opus4-fau/frontdoor/index/index/docId/5843 [09.10.2016].

Rautenberg, Ursula: Buchmedien. In: Handbuch Medien der Literatur. Hrsg. von Natalie Binczek, Till Dembeck und Jörgen Schäfer. Berlin/Boston: De Gruyter 2013, S. 235–246. DOI: 10.1515/9783110295573.235 [09.10.2016].

Rautenberg, Ursula: Das Buch in der Codexform und einblättrige Lesemedien. In: Lesen. Ein interdisziplinäres Handbuch. Hrsg. von Ursula Rautenberg und Ute Schneider. Berlin/Boston: De Gruyter 2015, S. 279–336. DOI: 10.1515/9783110275537-015 [09.10.2016].

— Buchwissenschaft in Deutschland. Einführung und kritische Auseinandersetzung. In: Buchwissenschaft in Deutschland. Ein Handbuch. Hrsg. von Ursula Rautenberg. Berlin/Boston: De Gruyter 2013, S. 3–64.

Riedel, Matthias: Ritualisierte Berührungen als Medium für Vergemeinschaftung. In: Körper und Ritual. Sozial- und kulturwissenschaftliche Zugänge und Analysen. Hrsg. von Robert Gugutzer und Michael Staack. Wiesbaden: Springer VS 2015, S. 145–167. DOI: 10.1007/978-3-658-01084-3_8 [12.12.2016].

Saxer, Ulrich: Buchwissenschaft als Medienwissenschaft. In: Buchwissenschaft in Deutschland. Ein Handbuch. Hrsg. von Ursula Rautenberg. Berlin/Boston: De Gruyter 2013, S. 65–104.

Schäfer-Biermann, Birgit u. a.: Foucaults Heterotopien als Forschungsinstrument. Eine Anwendung am Beispiel Kleingarten. Wiesbaden: Springer VS 2016. DOI: 10.1007/978-3-658-12888-3 [09.10.2016].

Schausten, Monika/Weingart, Brigitte: Text/Bild. In: Handbuch Medien der Literatur. Hrsg. von Natalie Binczek, Till Dembeck und Jörgen Schäfer. Berlin/Boston: De Gruyter 2013, S. 69–78. DOI: 10.1515/9783110295573.69 [09.10.2016].

Schenk, Michael: Medienwirkungsforschung. 3., vollst. überarb. Aufl. Tübingen: Mohr Siebeck 2007.

Schneider, Ute: »Wozu lesen?« Persistente Funktionen des Lesens im sozialen Kontext. In: Internationales Archiv für die Sozialgeschichte der Literatur 39 (2014) 1, S. 268–283. DOI: 10.1515/iasl-2014-0016 [09.10.2016].

Schön, Erich: Buchnutzungsforschung. In: Buchwissenschaft und Buchwirkungsforschung. VIII. Leipziger Hochschultage für Medien und Kommunikation. Hrsg. von Dietrich Kerlen und Inka Kirste. Leipzig: Institut für Kommunikations- und Medienwissenschaft 2000, S. 113–130.

Schweiger, Wolfgang: Theorien der Mediennutzung. Eine Einführung. Wiesbaden: Springer VS 2007.

Siebeck, Anne: Das Buch im Buch. Ein Motiv der phantastischen Literatur. Marburg: Tectum 2009.

Stanitzek, Georg: Buch. Medium und Form – in paratexttheoretischer Perspektive. In: Buchwissenschaft in Deutschland. Ein Handbuch. Hrsg. von Ursula Rautenberg. Berlin/Boston: De Gruyter 2013, S. 157–201.

Suckfüll, Monika: Rezeptionsmodalitäten. In: Medienpsychologie. Schlüsselbegriffe und Konzepte. Hrsg. von Nicole Krämer u. a. 2. überarb. und erw. Aufl. Stuttgart: Kohlhammer 2016, S. 126–131.

Tafazoli, Hamid/Gray, Richard T.: Einleitung. Heterotopien in Kultur und Gesellschaft. In: Außenraum – Mitraum – Innenraum. Heterotopien in Kultur und Gesellschaft. Hrsg. von Hamid Tafazoli und Richard T. Gray. Bielefeld: Aisthesis 2012, S. 7–34.

Warning, Rainer: Heterotopien als Räume ästhetischer Erfahrung. Paderborn/München: Fink 2009.

Watson, Rowan: Some Non-textual Uses of Books. In: A Companion to the History of the Book. Hrsg. von Simon Eliot and Jonathan Rose. Malden/Oxford/Chichester: Wiley-Blackwell 2009, S. 480–492.

Windgätter, Christof: Vom ›Blattwerk der Signifikanz‹ oder: Auf dem Weg zu einer Epistemologie der Buchgestaltung. In: Wissen im Druck. Zur Epistemologie der modernen Buchgestaltung (Buchwissenschaftliche Beiträge 80). Hrsg. von Christof Windgätter. Wiesbaden: Harrassowitz 2010, S. 6–51.

Wirth, Werner u. a.: A Process Model of Spatial Presence Experiences. In: Media Psychology 9 (2007) 3, S. 493–525. DOI: 10.1080/15213260701283079 [28.12.2016].

Zaboura, Nadja: Das empathische Gehirn. Spiegelneurone als Grundlage menschlicher Kommunikation. Wiesbaden: VS Verlag 2009.

Zillmann, Dolf: Emotionspsychologische Grundlagen. In: Lehrbuch der Medienpsychologie. Hrsg. von Roland Mangold, Peter Vorderer und Gary Bente. Göttingen: Hogrefe 2004, S. 101–128.

— The psychology of suspense in dramatic exposition. In: Suspense. Conceptualizations, theoretical analyses and empirical explorations. Hrsg. von Peter Vorderer, Hans J. Wulff und Mike Friedrichsen. Mahwah/NJ: Lawrence Erlbaum Associates 1996, S. 199–232.

— Empathy. Affect from bearing witness from the emotions of others. In: Responding to the screen. Reception and reaction processes. Hrsg. von Jennings Bryant und Dolf Zillmann. Hillsdale/NJ: Lawrence Erlbaum 1991, S. 135–167.

Zurschmitten, Christof: Spiegel im Spiegel. Heterotopischer Raum im Computerspiel und seine Reflexion in der Literatur. Heterotopien. Perspektiven der intermedialen Ästhetik (MedienAnalysen 15). Hrsg. von Nadja Elia-Borer u. a. Bielefeld: Transcript 2013, S. 609–621.

INITIALEN

1 Kristina Auer D-Manga. Der japanische Comic und seine deutsche Adaption. 2013. 142 S. 978-3-656-45418-2. **2 Charlotte Kempf** Antikenrezeption vor dem Hintergrund des Medienwechsels im 15. Jahrhundert. 2013. 52 S. 978-3-656-45098-6. **3 Katharina Liehr** Gemeinschaftliche Lektüre im Social Web. Untersuchungen zum Potenzial von Online-Leserunden für die Buchbranche. 2013. 212 S. 978-3-656-45080-1. **4 Svenja Lüll** Schreibschrift oder »Druckschrift«? Welche Schrift soll die Schule lehren? 2013. 56 S. 978-3-656-45076-4. **5 Julia Schaer** Die imaginäre Bibliothek in der Jugendliteratur. Wie die aktuellen Richtlinien realer Bibliotheken in »Harry Potter«, »Die Stadt der träumenden Bücher« und weiteren Werken berücksichtigt werden. 2013. 52 S. 978-3-656-45414-4. **6 Marisara Stecher** Das Buch im transmedialen Franchise. Transmedia Storytelling als Chance für Verlage. 2013. 56 S. 978-3-656-45090-0. **7 Verena Tesar** Online-Verleihmodelle. Wie Bibliotheken und andere Anbieter E-Books über das Internet verleihen können. 2013. 58 S. 978-3-656-45096-2. **8 Jessica Upmeier** Enhanced E-Books – ein neuer Produkttyp auf dem Buchmarkt. Vor- und Nachteile von EPUB 3 zur Umsetzung von Enhanced E-Books. 2013. 56 S. 978-3-656-45157-0. **9 Sarah Lisa Wierich** Typografie im Nationalsozialismus. Instrumentalisierung oder Zeiterscheinung? 2013. 68 S. 978-3-656-45092-4. **10 Elisabeth Windfelder** Das Buch als Werbemittel. Eine Analyse am Beispiel der McDonald's Kooperation 2012/13. 2014. 52 S. 978-3-656-58506-0. **11 Vanessa Roth** Annäherung an eine Ökobilanz von E-Books. 2014. 52 S. 978-3-656-58512-1. **12 Maike Söhner** Money Matters. Alternative Finanzierungsmethoden in der Buchbranche. 2014. 68 S. 978-3-656-58514-5. **13 Heidi Vetter** Alternate Reality Games als Marketinginstrument im Jugendbuchmarkt. 2014. 56 S. 978-3-656-58516-9. **14 Rebekka Zech** Konventionen in Wissenschaftskulturen. Texterschließende Merkmale wissenschaftlicher Publikationen aus den USA, der UdSSR, der DDR und der BRD. 2015. 92 S. 978-3-945883-00-6. **15 Katharina Laufs** Eigenständige Marktbearbeitung statt Lizenzvergabe? Neue Möglichkeiten für Verlage durch Internationalisierung des E-Book-Geschäfts. 2015. 124 S. 978-3-945883-02-0. **16 Sandra Duschl** Informieren, Inszenieren, Integrieren. Corporate Books als Instrumente nachhaltiger Unternehmenskommunikation. 2015. 104 S. 978-3-945883-04-4. **17 Kristin Lulei** E-Books kaufen, abonnieren, leihen? Eine Analyse auf Basis einer Konsumentenbefragung. 2015. 132 S. 978-3-9455883-06-8. **18 Anna Violetta Lex** Das Buch als Erinnerungsobjekt. 2015. 152 S. 978-3-945883-12-9. **19 Dörthe Fröhlich** Register und digitale Bücher. Problematik, Erstellung und Gebrauchswert. 2015. 51 S. 978-3-945883-15-0. **20 David Richter** Bedeutung und Funktion des Buches in literarischen Dystopien. Exemplarisch anhand George Orwells Nineteen Eighty-Four. 2015. 51 S. 978-3-945883-18-1. **21 Martin Steininger** Die Bedeutung von Kulturgütern in der Konsumgesellschaft. Das Buch als Wirtschaftsgut in der Massenkultur. Eine Standortbestimmung nach Walter Benjamin und Theodor W. Adorno. 2015. 41 S. 978-3-945883-21-1. **22 Angela Huber** Wozu Neuschnitte? Das Beispiel der Optima. 2015. 48 S. 978-3-945883-24-2. **23 Magdalena Schlosser** Leichenpredigten des Barock als Forschungsgegenstand. 2016. 51 S. 978-3-945883-27-3. **24 Felicitas Boos** Systemtheoretische Ansätze in der Buchwissenschaft. Idee, Stand der Diskussion, exemplarische Anwendungsbereiche. 2016. 73 S. 978-3-945883-32-7. **25 Nina Rubach** Open Innovation in der Buchbranche. Ein neues Konzept von Innovationen und sein Niederschlag bei Verlagen und Start-Ups. 2016. 58 S. 978-3-945883-35-8. **26 Charmaine Gamisch** Albatross Books. Ein Pionier des modernen Taschenbuchs. 2016. 84 S. 978-3-945883-38-9. **27 Sabrina Holitzner** Leseförderung in den Niederlanden. Am Beispiel der Stiftungen »Stichting Lezen«, »Stichting Lezen & Schrijven« und »Stichting Collectieve Propaganda van het Nederlandske Boek«. 2016. 113 S. 978-3-945883-39-6. **28 Anna-Carina Blessmann** Kritik an Autorschaft und Literaturbetrieb am Beispiel ausgewählter Episoden der Serie »Die Simpsons«. 2016. 59 S. 978-3-945883-42-6. **29 Jaquelin Kathrin Matthes** Der aktuelle gesellschaftliche Wertekosmos und seine Spiegelung auf dem deutschen Buchmarkt. 2016. 100 S. 978-3-945883-45-7. **30 Sophia Meyer** Bibliotherapie. Eine aktuelle Bestandsaufnahme. 2016. 106 S. 978-3-945883-48-8. **31 Lisa Eckstein** Das ultimative Anti-E-Book? Der Roman S. – Das Schiff des Theseus von J. J. Abrams und Doug Dorst. 2017. 61 S. 978-3-945883-51-8. **32 Annedore Friedrich** Augmented Reality im Kinderbuch. Eine Rezeptionsanalyse von Leyo!, SuperBuch & Co. 2017. 146 S. 978-3-945883-54-9. **33 Emmelie Öden** Rechtsextreme Verlage in Deutschland. Eine aktuelle Bestandsaufnahme. 2017. 80 S. 978-3-945883-57-0. **34 Franziska Steuer** Soziologie 1900–1933. Eine junge Disziplin im Spiegel ihrer Verlage. 2017. 113 S. 978-3-945883-60-0. **35 Josefine Johanna Mohrhard** Slow Reading. Der neue Lesetrend. 2018. 122 S. 978-3-945883-63-1. **36 Kris Lehmann** Modelle der Programmbildung. Ansätze zur Organsiationstheorie des Verlags. 2018. 86 S. 978-3-945883-66-2. **37 Judith Schumacher** Regenbogenfamilien im deutschsprachigen Bilderbuch. Ein Überblick über Angebot und Rezeption. 66 S. 978-3-945883-69-3. **38 Denise Schneider** Das Buch als Heterotopie. Betrachtungen zur sozialen Dimension des Leseprozesses. 2018. 90 S. 978-3-945883-72-3.

INITIALEN